N° D'ORDRE
14

THÈSES

PRÉSENTÉES

A LA FACULTÉ DES SCIENCES DE LYON

POUR OBTENIR

LE GRADE DE DOCTEUR ÈS SCIENCES NATURELLES

PAR

H. TOUSSAINT

Professeur d'Anatomie et de Physiologie à l'École Vétérinaire de Toulouse,
Lauréat de l'Institut (prix de Physiologie expérimentale, 1876).

1re Thèse. — De l'intervention des puissances respiratoires dans les actes mécaniques de la digestion.

2e Thèse. — Propositions données par la Faculté.

Soutenues le 4 août 1877 devant la Commission d'examen.

MM. FAIVRE, *Président.*
BERTHAUD, SICARD, *Examinateurs.*

TOULOUSE
IMPRIMERIE PRADEL, VIGUIER ET BOÉ
RUE DES GESTES, 6.

1877

N° DORDRE
14

THÈSES

PRÉSENTÉES

A LA FACULTÉ DES SCIENCES DE LYON

POUR OBTENIR

LE GRADE DE DOCTEUR ÈS SCIENCES NATURELLES

PAR

H. TOUSSAINT

Professeur d'Anatomie et de Physiologie à l'École vétérinaire de Toulouse,
Lauréat de l'Institut (prix de Physiologie expérimentale, 1876).

1re **Thèse.** — De l'intervention des puissances respiratoires dans les actes mécaniques de la digestion.

2me **Thèse.** — Propositions données par la Faculté.

Soutenues le 4 août 1877 devant la Commission d'examen.

MM. FAIVRE — *Président.*
BERTHAUD, SICARD — *Examinateurs.*

TOULOUSE
IMPRIMERIE PRADEL, VIGUIER ET BOÉ
RUE DES GESTES, 6.

1877

ACADÉMIE DE LYON

FACULTÉ DES SCIENCES DE LYON

	MM.	
DOYEN..........	FAIVRE.	
PROFESSEUR HONORAIRE.	FRENET.	
PROFESSEURS.......	LAFON...	Mathématiques pures.
	DIEU....	Mathématiques appliquées.
	DUCLAUX..	Physique.
	LOIR....	Chimie.
	RAULIN...	Chimie agricole et industrielle.
	SICARD...	Zoologie.
	FAIVRE...	Botanique.
	BERTHAUD.	Géologie et minéralogie.

A MON MAITRE

M. A. CHAUVEAU

DIRECTEUR DE L'ÉCOLE VÉTÉRINAIRE

PROFESSEUR DE MÉDECINE EXPÉRIMENTALE A LA FACULTÉ DE MÉDECINE DE LYON

TÉMOIGNAGE DE PROFONDE RECONNAISSANCE

TOUSSAINT.

PREMIÈRE THÈSE

DE L'INTERVENTION DES PUISSANCES RESPIRATOIRES
DANS
LES ACTES MÉCANIQUES DE LA DIGESTION

INTRODUCTION

Les divers appareils dont l'ensemble constitue un animal se prêtent un mutuel appui dans l'accomplissement de leurs fonctions respectives. C'est là une vérité pour ainsi dire banale en physiologie et qui tient à l'essence même de la vie, laquelle, en effet, n'est que la résultante des fonctions isolées de chaque appareil, et ne pourrait se comprendre pour l'un d'entre eux.

Si, dans les études biologiques, on sépare momentanément les fonctions pour envisager le rôle propre de chacune dans l'ensemble, on ne tarde pas à arriver au moment où cette analyse devient insuffisante. La connaissance parfaite d'une fonction ne paraît véritablement telle à l'esprit que lorsqu'on a montré de quel secours elle est pour les autres, et qu'on a examiné quelles modifications apporte, dans la manière d'être de cette fonction, l'état particulier de celles qui lui sont associées. Ces modifications proviennent ou des organes de la nutrition ou de ceux de la vie de relation. Celles qui sont produites par ces derniers résultent des changements de forme, de direction, de volume, de l'état d'activité ou de repos des muscles; elles sont la conséquence de la contraction.

Or, parmi les fonctions, la respiration est, chez les mammifères au moins, celle qui ressent le plus vive-

2

ment et le plus souvent le contre-coup de l'exécution des actes de la vie de relation. On peut dire qu'il ne s'exécute pas, dans toute l'économie, un acte mécanique, si petit qu'il paraisse, sans que la respiration soit émotionnée : l'étendue du thorax, sa mobilité, le nombre considérable de muscles qui prennent leur insertion sur cette partie du corps, et le rôle complexe de ces muscles, qui peuvent agir dans une foule d'actes autres que la respiration, tout contribue donc à jeter une sorte de perturbation dans ce qu'on est convenu d'appeler le rhythme respiratoire. D'un autre côté, la cage thoracique est une sorte de colonne sur laquelle ces muscles recherchent un point d'appui. Les membres, le thoracique surtout, les muscles abdominaux, ne peuvent agir sans avoir préalablement pris un point d'appui sur le tronc, et ce point d'appui n'est obtenu que lorsque le thorax est fixé, c'est-à-dire lorsque ses mouvements de va-et-vient sont suspendus pour un certain temps. Enfin, tous les actes qui demandent une occlusion de la glotte, et ils sont nombreux, interrompent de fait la respiration.

Par ce simple aperçu, nous pouvons déjà voir combien est complexe l'étude des différents actes auxquels les puissances dites respiratoires prêtent leur concours. L'attention des physiologistes a été appelée depuis fort longtemps sur la plupart de ces actes, et un grand nombre d'entre eux ont été étudiés sous ce point de vue d'une façon plus ou moins complète ; tels sont entre autres la *toux*, l'*éternuement*, le *rire*, le *sanglot*, le *bâillement*, le *hoquet*, etc., et en général ce qu'on est convenu d'appeler l'*effort*. Mais il en est un certain nombre d'autres chez lesquels l'intervention des puissances respiratoires, tout aussi indispensable, est néanmoins tellement rapide, qu'elle est passée inaperçue jusqu'à ce jour. De ce nombre sont la *déglutition* et la *rumination*.

D'après un grand nombre d'expériences entreprises sur les animaux, nous avons pu nous rendre un compte très-exact de la part qui revient aux organes respiratoires dans l'exécution de ces deux fonctions. Ce sont ces expériences qui font le sujet de ce travail.

Chacun sait que, dans l'acte de la rumination, l'animal renvoie à la bouche, pour y être soumis à une deuxième mastication, les aliments qu'il avait d'abord divisés très-grossièrement au moment de son repas.

C'est ce retour des aliments à la bouche qui est le phénomène essentiel, le seul caractéristique de la rumination pour ainsi dire, car ceux qui le précèdent ne font que le préparer ; la deuxième mastication et la deuxième déglutition qui le suivent n'en sont que des conséquences nécessaires.

Les physiologistes qui se sont occupés de cette question l'ont parfaitement compris, car nous les voyons tous diriger leurs investigations vers ce mécanisme.

Malgré un grand nombre d'expériences très-ingénieuses faites surtout par Daubenton, Flourens et M. Colin, cet acte était encore environné d'une très-grande obscurité. La principale cause de l'insuccès de ces physiologistes réside certainement dans l'imperfection des moyens expérimentaux qui ont été employés. Le retour des substances alimentaires est un acte extrêmement rapide et cependant des plus complexes, ainsi que nous le verrons ; or, l'observation simple est impuissante pour distinguer la nature des phénomènes qui le produisent, leur nombre et leur ordre de succession. Mais la physiologie est aujourd'hui en possession d'un moyen d'investigation extrêmement exact et qui permet d'étudier tous les actes mécaniques de l'économie dans leurs manifestations les plus délicates : nous voulons parler des appareils enregistreurs. Nous avons donc eu recours aux procédés graphiques pour étudier la rumination, et ce que n'avaient pu élucider les recherches très-longues des physiciens et physiologistes anciens, nous a été dévoilé de la façon la plus nette et la plus complète par la méthode graphique.

C'est pendant le cours de ces recherches sur la rumination que notre attention fut attirée sur le mécanisme de la déglutition. Nous fûmes frappé de voir que dans nos divers graphiques, au moment de la déglutition, il se produit constamment certains mouvements des côtes et de l'abdomen, mouvements moins prononcés, à coup sûr, chez les ruminants que ceux qui déterminent le retour des substances à la bouche, mais dont le mécanisme paraît avoir beaucoup de rapports : nous étudiâmes alors le rôle des puissances respiratoires dans la déglutition chez certains animaux, et il nous fut très-facile de constater que ce rôle est le même dans les deux actes. Dans l'un et l'autre cas, la glotte se ferme et une contraction du diaphragme, ou une élévation brusque du thorax, coïncidant avec cette occlusion, produit une raréfaction de l'air du poumon, raréfaction qui exerce une sorte d'aspiration sur les matières rapprochées de l'une ou de l'autre extrémité du tube œsophagien et détermine leur entrée dans ce conduit.

Un pareil phénomène est assez important, croyons-nous, pour arrêter un instant l'attention. En effet, la déglutition et la régestion sont deux actes complétement opposés l'un à l'autre dans les résultats, quoique s'exécutant dans le même organe; et cependant ils réclament un mécanisme absolument semblable : pour assurer leur exécution, la nature n'emploie qu'un seul artifice. C'est le même muscle qui conduit le bol alimentaire de bas en haut et de haut en bas, et pour amener des résultats aussi opposés, il a suffi que les aliments impressionnassent l'une ou l'autre extrémité de l'œsophage !

L'étude comparée de ces deux fonctions montre bien également le rôle secondaire du muscle et la prépondérance du système nerveux ; quelques nerfs sensitifs ont été excités à l'une ou à l'autre extrémité de l'œsophage, et des mouvements réflexes ont succédé dans le sens des impulsions. Le muscle, comme un ouvrier obéissant, s'est mis en activité dans le sens qui lui était indiqué par le nerf, et a ainsi produit deux effets entièrement opposés.

Ces considérations générales mériteraient certainement d'être plus développées que nous ne venons de le faire, car elles ajoutent une preuve de plus à celles, nombreuses déjà, que possède la physiologie, de la simplicité harmonique qui préside aux lois naturelles. Mais ici, dans un simple résumé d'expériences spéciales, nous devons les signaler seulement; elles trouveront mieux leur place dans un exposé de physiologie générale.

Etant donnée l'analogie qui existe entre la déglutition et la rumination, nous avons voulu étudier aussi les rapports de la respiration avec deux autres actes qui semblent à première vue avoir beaucoup d'analogie avec la rumination : nous voulons parler de l'*éructation* et du *vomissement*; nous les examinons après avoir parlé des deux premiers actes.

CHAPITRE PREMIER

DE LA RUMINATION

I

ÉTAT ACTUEL DE LA QUESTION

Tous les physiologistes qui se sont occupés de la rumination ont appelé *réjection* l'acte par lequel l'animal ruminant renvoie à la bouche les substances alimentaires qui doivent être mâchées de nouveau. Or, ce mot provient de *rejicere* (supin *rejectum*) qui est toujours employé par les auteurs latins pour désigner un objet *rejeté au dehors ;* en histoire naturelle, c'est un synonyme de *vomere.*

Lorsqu'on assimilait au vomissement le retour des aliments de la panse à la bouche, le mot de réjection pouvait, jusqu'à un certain point, être applicable à l'acte qui nous occupe : mais cette définition de *vomissement des animaux ruminants* que Flourens employait si fréquemment, est impropre à tous les titres ; d'abord les substances ne reviennent pas de l'estomac proprement dit, mais d'un immense réservoir placé sur le trajet de l'œsophage ; de plus, ainsi que nous le démontrons dans nos expériences, loin d'être semblable à la réjection du vomissement, le retour des aliments à la bouche, s'exécute chez le ruminant d'après un mécanisme entièrement opposé ; nous proposerons donc d'appeler ce dernier acte du nom de *régestion,* du verbe *regerere* (de *re*... et *gerere* porter), supin *regestum,* porter en retour.

Ce mot aura, outre son exacte signification, l'avantage

d'épargner des périphrases ou des qualificatifs qui, avec la dénomination ancienne, étaient nécessaires pour la distinction des deux actes.

Nous emploierons donc dans ce travail le mot *rumination* (1) pour caractériser l'ensemble des phénomènes qui forment la fonction propre des ruminants, et celui de *régestion* pour désigner le phénomène qui consiste dans le retour des substances à la bouche ; de même que la *réjection* ne sera qu'un des actes du *vomissement*.

Avant d'aborder l'examen de la régestion, nous rappellerons les principales dispositions de l'appareil de la rumination et les divers actes qu'elle comporte, dans la mesure qui est nécessaire pour que nos expériences puissent être facilement comprises.

La rumination exige, pour s'accomplir, la présence d'un estomac complexe divisé en quatre compartiments ; les deux premiers, désignés sous les noms de *rumen* et de *réseau*, servent de réservoir pour les aliments solides et liquides ; le troisième, le *feuillet*, est plutôt un appareil complémentaire de la mastication ; le quatrième ou la *caillette*, est l'estomac proprement dit, le seul dans lequel s'exécutent les diverses transformations qui caractérisent la digestion stomacale. Nous n'avons pas à nous occuper des deux derniers compartiments gastriques qui n'ont aucun rapport avec la régestion, mais il ne sera pas inutile, croyons-nous, de dire quelques mots de la conformation de l'œsophage et de celle des deux premiers estomacs.

L'œsophage des ruminants présente une disposition que l'on ne rencontre chez aucun autre herbivore ; il se rapproche

(1) Nous donnons ici au mot *rumination* une signification différente de celle que lui attribuaient Camper et Flourens, qui le font venir de *revolvere*, reporter vers, en haut ; dans l'acception commune, le mot *ruminer* est synonyme de *remâcher*, car pour le vulgaire l'acte le plus apparent est la mastication. Nous pensons que l'une et l'autre acception sont trop spéciales, et qu'il est préférable de laisser à ce mot sa signification complexe. L'étymologie qu'adoptaient Camper et Flourens est d'ailleurs un peu forcée, *revolvere* impliquant l'idée de roulement, d'orbe ou de cercle.

beaucoup de celui des carnassiers par ses dimensions, sa structure et par son mode d'insertion sur le premier estomac. Dans toute sa longueur, en effet, l'œsophage est très-large, très-dilatable, et sa membrane charnue, composée de deux plans, est entièrement formée de fibres striées; son insertion sur le rumen se fait en large infundibulum, disposition qui ne se rencontre que chez les animaux qui vomissent avec facilité et qui est très-favorable à l'introduction des matières à ramener dans la bouche. Rappelons, en passant, que l'insertion de l'œsophage sur le rumen n'est pas à proprement parler sa terminaison; l'organe que l'on a appelé *gouttière œsophagienne* doit être considéré comme la continuation de l'œsophage qui, envisagé de cette manière, ne s'arrêterait qu'à la caillette. Toutes les considérations d'anatomie comparée doivent nous faire envisager ainsi cet organe si spécial, et les trois premiers estomacs comme des *diverticula* établis sur son trajet, ayant des usages spéciaux à remplir, notamment ceux de magasin à fourrage et de récipient à macération. Nous n'aurons pas, dans ce travail, à nous occuper de l'usage de la gouttière œsophagienne, car ses principales fonctions sont plus spécialement affectées à la deuxième déglutition, et que nous nous sommes proposé d'étudier surtout la régestion.

Le *rumen* ou la *panse* est le plus grand des réservoirs; il peut contenir jusqu'à 250 litres et se trouve divisé fort nettement en deux compartiments ou sacs, l'un droit et l'autre gauche, par des piliers charnus volumineux, faisant saillie à l'intérieur de l'organe.

Cette séparation a évidemment pour but de permettre au rumen d'agir plus efficacement, par ses contractions, sur les matières alimentaires pour les mélanger, les délayer dans l'eau qu'il contient, et les amener vers l'orifice œsophagien, la membrane charnue prenant un point d'appui sur les piliers et leurs ramifications. La division en compartiments permet aussi à l'organe de porter son action sur les aliments qu'il renferme, même lorsque leur quantité est relativement peu considérable : nous disons relativement, car le rumen doit toujours renfermer beaucoup d'aliments pour agir efficacement sur eux; on peut encore trouver dans l'estomac d'un bœuf mort d'inanition jusqu'à 40 ou 50 kilogrammes de matières.

La tunique charnue du rumen, y compris les piliers et la gouttière œsophagienne, est formée de fibres-cellules de dimensions très-grandes, mais qui, à part leur volume, ne diffèrent pas des fibres musculaires de l'intestin ou des autres appareils de la vie organique. Les mouvements du rumen sont lents et se font dans plusieurs sens en même temps.

En résumé, le rumen est un premier réservoir chargé de contenir les aliments grossiers de la première déglutition, possédant une membrane charnue très-forte dont les contractions sont lentes et ne peuvent agir efficacement sur les aliments qu'à la condition que ceux-ci seront en quantité assez considérable, et qu'ils lui fourniront un point d'appui, point d'appui qu'elle recherche également sur les piliers charnus du viscère ainsi que sur les parois abdominales. C'est à la partie antéro-supérieure du compartiment gauche que l'on voit l'ouverture en infundibulum de l'œsophage.

Sur le côté gauche et en bas de l'ouverture de l'œsophage, se remarque une autre ouverture très-large et assez mal circonscrite en haut, faisant communiquer le *rumen* avec le *réseau;* une valvule, attachée par son bord adhérent sur la paroi inférieure, sépare ces deux estomacs. C'est dans le réseau que l'on rencontre cette belle disposition réticulée de la muqueuse, rappelant les alvéoles des gâteaux de cire des abeilles. Le réseau est surtout un réservoir pour les liquides; sa membrane charnue est beaucoup plus faible que celle du rumen. C'est là et dans les parties contiguës du rumen que se trouvent les matières les plus diluées, ainsi que nous l'établissons plus loin.

Il n'est pas douteux que les aliments se rendent, après la première mastication, dans cet immense réservoir qu'on appelle la panse; toutes les observations le démontrent et les auteurs sont unanimes sur ce sujet : mais ce qui est important, surtout à notre point de vue, c'est de connaître l'état des aliments dans l'intérieur du rumen, au moment où la régestion va avoir lieu.

Dans l'espace de temps qui s'est écoulé entre le moment de la première déglutition et celui de la régestion, les aliments, déjà humectés par une quantité considérable de liquide salivaire, se sont de nouveau dilués dans la salive secrétée après le repas, et surtout dans l'eau des boissons que l'on ne manque jamais de donner en grande quantité aux ruminants domestiques, lorsqu'ils viennent de manger, ou que ceux qui vivent à l'état sauvage recherchent avidement. Ces liquides arrivent en grande partie dans le rumen, ainsi que l'a vu Flourens, au moyen d'une fistule faite à ce compartiment stomacal. Les contractions du rumen tendent constamment à mélanger ces substances solides et liquides, mais ces dernières, en vertu de leur état, occupent principalement les parties déclives, aussi les trouve-t-on en très-grande quantité dans le fond de la panse et dans le réseau; ce dernier viscère notamment ne renferme pour ainsi dire que des substances liquides. M. Colin l'a directement constaté en introduisant sa main dans ces deux diverticules; on le voit également bien, lorsqu'on enlève les estomacs sur un animal que l'on vient de tuer. Il est donc bien évident que les matières alimentaires, quelques instants aprés la première déglutition, sont fortement diluées aux environs de l'ouverture œsophagienne; c'est là ce que nous voulions tout d'abord établir.

Survient alors la rumination, c'est-à-dire la régestion d'une certaine quantité d'aliments qui sont ramenés à la bouche, mâchés et insalivés une deuxième fois pour être ensuite conduits, par une deuxième déglutition, dans l'intérieur du troisième et du quatrième estomac.

La plupart des phénomènes que nous venons d'examiner sont très-faciles à constater et ont été parfaitement étudiés.

On sait notamment par les expériences de Flourens (1) et de M. Colin (2) comment se comportent les aliments après la première déglutition, de quelle façon ils s'imbibent de liquide et se ramollissent ; il n'y a pas non plus de doute à concevoir sur le chemin qu'ils suivent lors de la deuxième déglutition ; un seul point, nous l'avons déjà dit, est encore en litige, c'est celui de la formation du *bol* mérycique et du mode de régestion des matières alimentaires du rumen à la bouche.

Dans ces recherches sur le mécanisme de la rumination, Bourgelat (3) s'exprime ainsi : « Les auteurs qui se sont occupés de la matière que nous traitons semblent avoir été effrayés à l'aspect des difficultés attachées à la découverte de ce mécanisme ; leurs écrits ne nous présentent que quelques traits qui y ont quelques rapports, encore fort éloignés, et la rapidité du coup d'œil jeté sur l'objet ferait présumer qu'il a été pour eux absolument inaccessible ; un semblable découragement joint à la défiance dans laquelle nous sommes de nos propres forces, ne peut que nous inspirer une sage réserve ; aussi, bien loin de nous croire capable de percer une telle obscurité, ne proposons-nous nos idées que comme des doutes ou comme de simples objections. »

Si les hypothèses des auteurs qui ont précédé Bourgelat ne sont que des coups-d'œil rapides sur la question, il faut convenir, au moins, qu'ils sont nombreux, et pour la plupart assez bizarres. Il y aurait une très-intéressante étude à faire sur l'historique des ces hypothèses. Nous ne les rappellerons même pas, car elles s'écartent plus ou moins de la question ; d'ailleurs, presque tous les auteurs anciens se faisaient une idée très-fausse de la rumination, puisque nous voyons les plus illustres d'entre eux, Aristote, Peyer, Malpighi, etc.,

(1) Flourens, *Mémoires d'anatomie et de physiologie comparées (le mécanisme de la rumination)*, Paris, 1844.

(2) Colin, *Traité de physiologie comparée*, t. 1, 2e édition, Paris, 1873.

(3) Bourgelat, *Eléments de l'art vétérinaire*. Recherches sur le mécanisme de la rumination. Précis anatomique du corps du cheval comparé avec celui du bœuf et du mouton, 4e édit., Paris, 1807, p. 431.

ranger parmi les ruminants des animaux tels que le lièvre, le lapin, certains oiseaux, les sauterelles et jusqu'à des poissons. Duverney, Perrault, Camper, dont les opinions sembleraient, au premier abord, avoir plus de poids, n'ont dû cependant examiner les ruminants que d'une façon très-superficielle pour avancer que tels animaux ruminent ou ne ruminent pas. Ils ont présenté aussi, comme leurs devanciers, certains mouvements des mâchoires chez le lièvre et le lapin pour de la mastication mérycique.

Parmi les opinions qui paraissaient se rapprocher le plus de la vérité, parce qu'elles se basaient sur des faits anatomiques, nous citerons celle de Daubenton, qui attribue au bonnet, le rôle de préparateur ou de formateur des pelotes. D'après ce physiologiste, « le bonnet détache une partie de la masse d'herbes contenue dans la panse, se contracte, enveloppe la portion alimentaire qu'il reçoit, en fait une pelote par sa compression, l'humecte avec l'eau qu'il répand dessus en se contractant. La pelote ainsi arrondie et humectée est disposée à entrer dans l'œsophage (1). » Duverney et Chabert pensent, au contraire, que le premier estomac seul peut et doit concourir au renvoi des aliments à la bouche. Bourgelat tend à se ranger à cet avis.

Flourens, dans son *Mémoire sur le mécanisme de la rumination*, après avoir exposé la théorie de Daubenton, cherche à la vérifier par des expériences; pour cela, il retranche sur un mouton une partie du bonnet et fixe les parties restantes de cet organe par quelques points de suture aux parois de l'abdomen. « Il est évident, ainsi que le dit Flourens, que le bonnet réduit à un de ses côtés, et ce côté étant fixé par ses bords aux parois de l'abdomen, cet estomac ne pouvait plus se contracter en *rond* ou en *moule arrondi* pour former et arrondir les pelotes. » Malgré cette mutilation, « le mouton *rumina* et *rumina souvent*. Le

(1) Daubenton, *Mémoire sur la rumination et le tempérament des bêtes à laine* (*Mémoires de l'Académie royale des sciences*, année 1768).

bonnet ne remplit donc pas la fonction que lui attribuait Daubenton. »

Les expériences de Flourens lui permettent d'affirmer : 1° que le bonnet ne joue pas le rôle que lui attribue Daubenton ; 2° que néanmoins il se forme, comme Daubenton le dit, des pelotes arrondies et détachées, et 3° qu'il y a un *organe particulier* et tout autre que le bonnet qui forme et arrondit les pelotes.

Laissons, pour le moment, la deuxième proposition de Flourens, nous verrons plus tard ce qu'il faut en penser, et occupons-nous de l'organe destiné à la formation des pelotes.

Cet organe n'est autre chose que la gouttière œsophagienne. Au siècle dernier, Perrault (1) attribuait déjà à la gouttière le rôle que lui donne de nouveau Flourens : il la compare à « une main ouverte qui prend les herbes et qui se ferme » pour les pousser ensuite vers l'œsophage.

Ainsi que nous allons le voir, les expériences sur lesquelles s'appuie Flourens pour étayer sa théorie, ne sont pas complètes, et on pourrait lui retourner le reproche qu'il adressait à ses devanciers, d'avoir un peu trop vite conclu par induction. Flourens, après avoir incisé l'œsophage sur un mouton, attend que l'animal rumine pour recueillir les pelotes qui sont ramenées à la bouche ; mais l'animal ne rumine plus à partir du moment de l'opération. C'est à l'autopsie seulement, faite *quatre jours après,* et alors que depuis ce temps aucun liquide, boissons ou salive, ne pénétrait plus dans la panse, que Flourens trouve, contre l'ouverture fermée de l'œsophage et engagée entre les bords du demi-canal, « une pelote d'une forme parfaitement ronde et *d'un pouce à peu près de diamètre,* comme celle que Daubenton a décrite. »

Un deuxième mouton, traité de même, donna des résul-

(1) Perrault, *Essais de physique*, 1680, et *OEuvres diverses de physique et de mécanique*, Leyde, 1721, t. II, p. 437.

tats analogues : il fut tué au bout de deux jours et l'on constata l'existence d'une pelote ; cette pelote n'était pas entière ; elle commençait à se former et, dit Flourens, elle ne montrait que mieux le mécanisme de sa formation.

Dans une troisième expérience faite de même, le mouton rumina quelques heures après, et Flourens put recueillir des pelotes *humides* et *molles*, allongées en cylindre. Le lendemain et les jours suivants, l'animal ne rumina plus et l'autopsie fit de nouveau constater une pelote ronde entre les lèvres de la gouttière œsophagienne.

C'est seulement sur ces trois expériences que Flourens se fonde pour établir sa théorie de la formation des pelotes ; il attribue l'arrêt de la rumination à l'état de dessèchement dans lequel se trouvent les matières du rumen, lorsque l'eau des boissons et la salive n'arrivent plus dans ce réservoir. En cela, nous sommes complétement de son avis.

M. Colin, qui conservait quelque doute sur le rôle de la gouttière œsophagienne dans la régestion, contrôle les expériences que nous venons de résumer, en empêchant cet organe de remplir le rôle qui lui était attribué par Flourens.

Sur un taureau, après avoir fait une incision au flanc et au rumen, assez grande pour permettre l'introduction du bras, M. Colin réunit les lèvres de la gouttière et les maintient en contact immédiat par trois points de suture faits avec des fils de laiton. A partir du surlendemain, l'animal rumina et rumina longtemps. L'autopsie prouva que les fils avaient parfaitement tenu. Un deuxième taureau reçut quatre fils très-serrés et rumina dès le lendemain sans aucune gêne, « le temps qui sépare la déglutition d'un bol du retour d'un autre était sensiblement égal à ce qu'il était dans les circonstances ordinaires. » M. Colin conclut logiquement que la gouttière ne peut être, comme le pensait Flourens, « un appareil formateur des pelotes de la réjection. »

Les choses restaient donc dans le même *desideratum* qu'avant les expériences de M. Flourens. M. Colin lui-même ne cherche pas à expliquer la manière dont se fait la régestion, mais nous retiendrons de ses observations ce fait que nous avons souvent eu l'occasion de contrôler : c'est que « les aliments placés en avant du rumen, au voisinage du cardia, et détrempés dans le liquide qui se trouve sur le plancher intermédiaire aux deux étages, sont les premiers à s'engager dans l'œsophage. Ceux des parties postérieures du viscère viennent à leur tour se présenter à l'orifice qui doit les recevoir ; ils se délaient, comme les premiers, en se mêlant à leur départ avec le fluide lancé par les contractions du réseau correspondant avec celles de la panse.

« Les matières alimentaires ainsi envoyées à la bouche sont molles et délayées dans une forte proportion de liquide qui permet à leur marche ascensionnelle de se faire avec une extrême rapidité. Dès qu'elles sont arrivées dans la cavité buccale, l'eau qui leur servait de véhicule étant inutile, est bientôt déglutie en une, deux ou trois ondées successives que l'on voit passer très-distinctement sur le trajet de l'œsophage. »

Nos expériences confirment de tous points les données de M. Colin sur l'état quasi-liquide des substances du rumen, mais nous tenons à faire remarquer qu'il y a loin de cette théorie à celle de la formation de pelotes rondes et solides.

M. Colin conclut que les matières de la rumination « sont simplement poussées par bouffées dans l'infundibulum de l'œsophage par les contractions combinées du rumen et du réseau, et que la réjection, pour s'effectuer, réclame à la fois le concours du rumen, celui du diaphragme et des muscles abdominaux. »

C'est ce qu'avaient pressenti et indiqué les anciens auteurs : Peyer, Duverney, etc. Nous devons ajouter que dans un récent opuscule M. le professeur Lemoigne (1), après avoir introduit le doigt dans le cardia par une ouverture faite au

(1) *Contributo alla teoria del mecanismo della ruminatione.* Nota del prof[r] Alessio Lemoigne, socio corrispondente del R. Instituto lombardo di scienze et lettere (Letta nell'adunanza, del 19 giugno 1873).

flanc gauche, sentit le cardia se resserrer subitement comme un anneau étroit (« *cingolo annulare* ») par suite de la contraction du pilier droit du diaphragme. Cette irritabilité du cardia explique comment les matières introduites dans le cardia sont séparées de la masse alimentaire, pourquoi il est nécessaire qu'elles soient liquides pour y pénétrer facilement, et comment la formation préalable du bol est une théorie erronée.

Ainsi que nous venons de le faire voir par cet exposé rapide des principales recherches sur le mécanisme de la rumination, l'attention des physiologistes s'est presque toujours portée sur les organes digestifs et sur les puissances musculaires agissant directement sur ces organes, comme le diaphragme et les muscles abdominaux; on s'est assez peu préoccupé de savoir si d'autres phénomènes n'intervenaient pas; si, par exemple, le bol de régestion est non-seulement poussé dans l'œsophage, mais encore aspiré par une action particulière des agents de la respiration.

Une observation de Longet (1) aurait cependant pu mettre sur la voie. Ce physiologiste a vu, en effet, que la glotte se ferme au moment de la régestion, mais il pense que cette occlusion n'a lieu qu'au moment du passage du bol dans le pharynx.

M. Chauveau, dans ses cours, parle depuis longtemps de l'aspiration thoracique. Pour lui, il n'y a pas, à proprement parler, de formation préalable du bol. Voici comment les choses se passeraient :

Au moment de la régestion, la glotte se ferme, puis survient une contraction très-énergique et très-brusque du diaphragme ayant pour résultat une raréfaction considérable de l'air dans la cavité thoracique, diminution de pression se manifestant au dehors par un appel énergique du sang des jugulaires, et qui doit avoir la même action sur les matières

(1) Longet : *Traité de physiologie*, t. I, p. 156, 3e édition.

du rumen rapprochées de l'œsophage, lesquelles, en effet, en vertu de leur état presque liquide, se trouvent par rapport à la poitrine, dans les mêmes conditions que le sang des jugulaires, elles se précipitent donc dans l'orifice béant de l'œsophage, et immédiatement une contraction du pilier droit du diaphragme, en séparant les matières engagées, provoque une contraction anti-péristaltique de l'œsophage qui les amène ainsi à la bouche.

Cette théorie, déduite de l'observation pure des phénomènes extérieurs, demandait une confirmation expérimentale. Je l'ai entreprise sous les yeux de mon savant maître et dans le laboratoire de l'Ecole vétérinaire de Lyon. Ce sont les résultats expérimentaux que je vais exposer ici ; on pourra voir qu'ils confirment de la façon la plus nette et la plus complète la déduction *à priori* de M. Chauveau.

Les expériences ont été faites sur la *vache* et le *mouton*. Disons immédiatement que le mécanisme de la régestion est le même dans ces deux espèces; il ne diffère que par quelques points secondaires que nous ferons connaître après avoir étudié la rumination de la vache que nous prenons comme type.

Nous avons dû, dans nos expériences, nous servir d'un manuel tout spécial, n'entraînant que des opérations très-simples, car la rumination ne s'exécute qu'à la condition que l'animal reste absolument calme et que les vivisections, quand elles sont nécessaires, restent toujours extrêmement simples et ne produisent que des douleurs légères et passagères. Nous avons eu soin également de placer nos appareils avant le repas ou immédiatement après, de façon à saisir les mouvements de la rumination aussitôt que celle-ci vient à s'établir. Cette précaution doit toujours être prise pour n'avoir pas à déranger l'animal de l'état de repos dans lequel il se plonge lorsqu'il vient de manger. Une grande quiétude étant nécessaire pour que la rumination s'exécute, nous avons toujours pris nos tracés à l'étable, nos instruments enregistreurs placés sur une table près de l'animal.

Les appareils employés pour explorer les organes seront décrits en même temps que les tracés qu'ils ont servi à obtenir. Mais ces tracés s'enregistraient sur le papier d'un polygraphe que tout le monde connaît aujourd'hui, et dont le dessin se trouve dans tous les traités de physiologie qui ont paru depuis 1863. C'est en effet avec l'appareil enregistreur dont se sont servis MM. Chauveau et Marey pour leurs expériences cardiographiques que nous avons obtenu nos tracés. Cet appareil peut enregistrer tel mouvement que l'on voudra, pourvu que le principe d'après lequel il a été conçu soit fidèlement mis en pratique. Il faut que les tambours récepteurs communiquent, par un tube flexible, avec de petits réservoirs à air ou ampoules élastiques, placés de telle façon qu'ils puissent facilement recevoir l'impression de l'organe dont on doit enregistrer le mouvement. La sensibilité des tambours doit être très-grande ; il est nécessaire également que l'air soit parfaitement emprisonné dans les appareils. Chaque tambour récepteur supporte un levier muni d'une plume : il est destiné à amplifier considérablement les oscillations de la membrane élastique du tambour, synchrones du mouvement de l'organe. Dans le cas présent, nous avions placé quatre ou cinq tambours récepteurs superposés et maintenus par une tige fixée dans un pied très-lourd.

Quant au polygraphe, il se compose de deux cylindres dont l'un est mû par un mouvement d'horlogerie; sur l'autre, est enroulée une longue bande de papier glacé dont une extrémité est attachée sur le premier cylindre. Lorsque l'appareil est en marche, le papier est entraîné par le mouvement du premier cylindre et passe de l'un sur l'autre, après avoir présenté toute sa longueur aux leviers écrivants qui appuient légèrement sur lui.

Cet appareil, moins commode que le polygraphe à papier enfumé, en raison du soin constant que l'on doit avoir de maintenir l'encre dans chacune des plumes des leviers, présente l'avantage de permettre à des courbes très-longues de pouvoir s'enregistrer, ce qui n'est pas possible avec le dernier où on est forcément limité par la longueur de la circonférence du cylindre, lorsqu'on a plusieurs courbes à enregistrer simultanément.

Dans la plupart des tracés que nous avons recueillis, nous avons conservé, pour que la comparaison en fût rendue plus facile, la courbe de la pression de l'air dans l'intérieur de la trachée.

II

DES RAPPORTS QUI EXISTENT ENTRE LA RÉGESTION, LA MASTICATION ET LA DÉGLUTITION MÉRYCIQUES.

Avant d'étudier le mécanisme intime de la régestion, voyons d'abord ce phénomène dans ses rapports avec la mastication et la déglutition méryciques.

Les mouvements de la mastication peuvent être enregistrés très-facilement. Pour cela, nous entourons la tête de l'animal d'une petite ceinture pneumographique à peu près semblable à celle que M. Marey a décrite, modifiée seulement en ce sens que le ressort à boudin intérieur est remplacé par un anneau qui maintient écartées les parois du cylindre. Le caoutchouc, qui n'est autre chose qu'un doigt de gant, est lui-même suffisamment élastique pour ramener les deux extrémités du tube, lorsqu'elles ont été écartées par le mouvement. L'appareil est placé au niveau de l'orbite ; il embrasse le bord postérieur du maxillaire inférieur et passe à un ou deux centimètres seulement en avant de l'articulation temporo-maxillaire. On le dispose de telle façon qu'il soit légèrement tendu lorsque les mâchoires sont rapprochées.

Chaque fois que l'animal écarte les maxillaires, la cavité du pneumographe s'agrandit et on obtient une descente du levier écrivant; lorsqu'il les rapproche, la courbe remonte, et cela d'autant plus que l'animal les serre davantage l'une contre l'autre. Nous obtenons ainsi la courbe M (*fig.* 2).

Quant au passage des substances alimentaires dans l'œsophage, nous l'enregistrons au moyen d'un appareil particulier (*fig.* 1) formé d'une ampoule en caoutchouc très-mince reliée par un tube à une autre petite ampoule également en

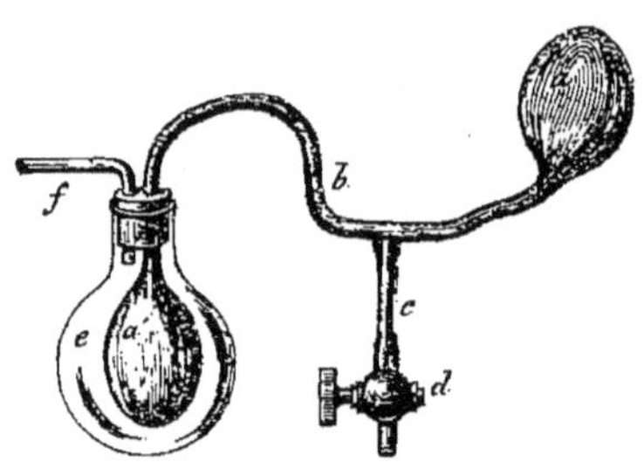

Fig. 1.

Appareil à air comprimé destiné à enregistrer le passage des substances alimentaires dans l'œsophage.

aa' ampoules en caoutchouc mince réunies par le tube *b* et renfermant de l'air, à une légère pression, insufflé par le tube *c*, sur lequel on a placé à cet effet un robinet *d*. Le ballon *e* est en verre et contient également de l'air qui communique avec celui du tambour à levier par le tube *f*.

caoutchouc, mais placée dans l'intérieur d'un ballon de verre. Un tube branché sur le conduit qui réunit les deux ampoules permet d'insuffler légèrement l'appareil pour tendre le caoutchouc ; il reste toujours une certaine quantité d'air autour de l'ampoule placée dans le ballon de verre. Or, lorsqu'on exercera une pression sur l'ampoule libre, celle qui est dans le ballon subira une certaine dilatation et comprimera l'air du récipient ; mais comme cet air aura été mis au préalable en communication avec un tambour de l'appareil enregistreur, il y aura chaque fois ascension du levier écrivant.

En plaçant l'ampoule libre au niveau de la déviation à gauche de l'œsophage, à la base du cou, les bols, en passant dans ce conduit, formeront un relief instantané venant frapper cette ampoule qui communiquera sa pression au tambour récepteur, comme nous venons de le dire. Nous pourrons ainsi écrire le passage de toutes les substances dans l'œsophage. La courbe Œ (*fig*. 2) est obtenue par ce procédé. Elle se superpose exactement à la courbe *M* du mouvement des mâchoires. Quant à la ligne *S*, elle indique les secondes; on l'obtient facilement en faisant frapper, soixante fois par minute, le pendule d'un métronome sur un tambour initial

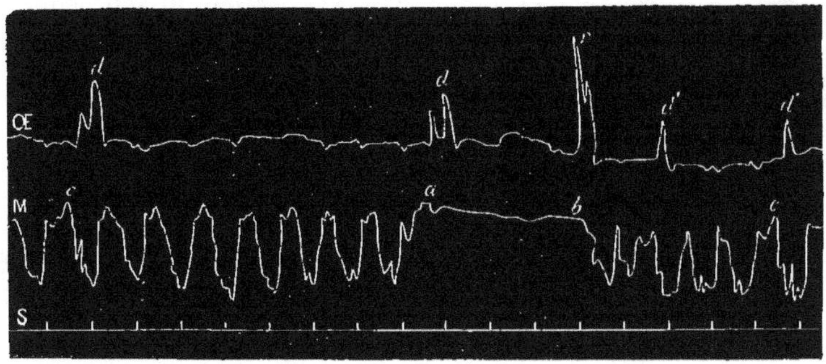

Fig. 2.

OE Tracé du passage des aliments dans l'œsophage.
M Mouvement des mâchoires.
S Secondes.

communiquant avec un autre tambour de l'appareil enregistreur.

Si nous examinons chacune des deux courbes de cette figure, nous pourrons facilement déduire de cet examen les rapports de la mastication avec la déglutition et la régestion.

Œ montre un certain nombre de petites ondulations interrompues, en cinq endroits, par des mouvements beaucoup plus accusés. Les légères sinuosités de *Œ* sont dues à des contractions du muscle sterno-maxillaire qui entre en action pour aider à l'abaissement de la mâchoire inférieure; on peut voir, en effet, que les très-petites ascensions correspondent aux chutes brusques de la courbe *M*, qui sont, ainsi que nous l'avons déjà dit, le signe de l'écartement des maxillaires. Mais les grands mouvements *d*, *d*, *r*, *d'*, *d'* sont beaucoup plus intéressants à notre point de vue; ils sont l'indice du passage des matières alimentaires dans l'œsophage. *dd* sont des déglutitions du bol mérycique. La première a lieu pendant que la mastication est encore en pleine activité ; la deuxième est la déglutition finale, celle qui entraîne toutes les substances restant encore dans la bouche ; elle précède la régestion ; *r* est en effet cette régestion. On remarquera que le mouvement est ici plus brusque et plus fort. L'ascension du levier se fait en une seule fois, et la brusquerie de l'impression qui le détermine projette même le levier à une certaine hauteur. Enfin, ce mouvement a une durée moindre que ceux qui indiquent le passage des bols de la déglutition. Quant aux petits mouvements *d' d'*, ils indiquent des déglutitions de liquide. Elles sont produites par l'eau qui a servi de véhicule aux matières et qui, aussitôt après l'arrivée à la bouche des matières de la régestion, est déglutie en deux gorgées habituellement. On en constate rarement une ou trois. Ces deux déglutitions avaient déjà été remarquées par M. Colin, qui reconnut leur nature au bruit produit par le liquide dans l'œsophage.

La courbe *M* nous donne les caractères de la mastication. Celle-ci est interrompue de *a* à *b* pendant la dernière déglutition mérycique et la régestion. Ce tracé nous montre certaines particularités sur lesquels nous allons appeler l'attention. Au moment où la déglutition finale commence, l'animal rapproche les mâchoires plus qu'à aucun moment de la mastication, ce qui produit la petite élévation *a*, puis pendant une durée de quatre secondes environ, il reste immobile ; pendant ce temps, le bol est dégluti et la régestion en ramène un nouveau. Lorsque ce dernier est près d'arriver à la bouche, l'animal écarte les mâchoires pour les recevoir. Ce mouvement a produit l'abaissement *b*; il y a ensuite un rapprochement rapide pendant lequel l'animal prépare les substances à mâcher, et enfin, la mastication recommence.

En résumé, l'animal mâche les substances régurgitées avec une grande régularité ; il semble ne pas agir en même temps sur toute la masse d'une seule régestion, il les déglutit en deux ou trois fois, le plus souvent en deux fois. La première déglutition se fait sans interrompre la mastication : le mouvement des mâchoires qui y correspond est seulement un peu plus accusé, témoins *c*, *c*; la déglutition finale ne précède l'arrivée du bol de régestion à la bouche que de quatre secondes environ, pendant lesquelles la mastication est suspendue. L'ascension du bol est plus rapide que la descente. Enfin, après l'arrivée du bol de régestion à la bouche, l'eau qui a favorisé son ascension est déglutie en deux gorgées.

III

DES ACTES QUI DÉTERMINENT LA RÉGESTION

En partant des données qui nous ont engagé à entreprendre ces expériences, nous cherchons ensuite à enregistrer les mouvements des organes de la respiration et la pression de l'air à l'intérieur du poumon.

Sur une vache vieille, mais en parfaite santé, on introduit dans la trachée, vers le milieu du cou, un tube dont le diamètre ne dépasse pas deux millimètres; cette introduction se fait d'un seul coup au moyen d'un trocart et pour ainsi dire sans douleur. On entoure ensuite le thorax et l'abdomen de ceintures pneumographiques, semblables à celle qui a servi pour prendre les mouvements des mâchoires. De même que dans ce dernier mouvement, les deux pneumographes, en s'allongeant, augmentent leur capacité et forcent la plume à s'abaisser; c'est ce qu'on remarque dans l'inspiration ou, plus exactement, dans les mouvements d'élévation, soit des côtes, soit de l'abdomen. Dans l'abaissement de ces parties, au contraire, il y a élévation des plumes et par suite du tracé.

Le tube de la trachée, ainsi que les deux pneumographes, communiquent avec trois des tambours de l'appareil enregistreur, le quatrième enregistre les secondes.

L'animal n'est nullement impressionné, et nous obtenons, pendant un espace de temps considérable, un tracé dont nous avons détaché le fragment suivant (*fig.* 3), qui représente deux mouvements respiratoires complets, entre lesquels s'est effectuée une régestion.

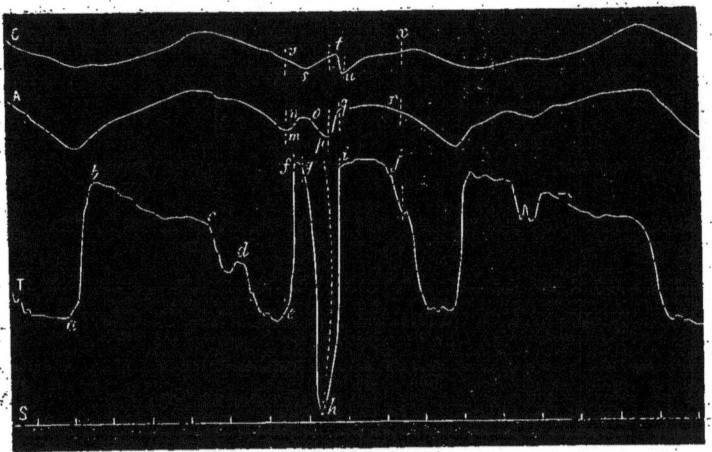

Fig. 3.

C Mouvements des côtes obtenus par une ceinture pneumographique de Marey autour du thorax, au niveau de la septième côte.

A Mouvements de l'abdomen par le même moyen. La ceinture passe en arrière de l'ombilic.

T Pression de l'air dans la trachée obtenue par un tube fin (0^m002) dans la trachée et communiquant librement avec le tambour à levier écrivant.

S Tracé du métronome battant les secondes.

Cherchons à analyser chacune de ces courbes : *T* est obtenu au moyen d'un tambour mis en rapport direct, par l'intermédiaire d'un tube fin, avec l'intérieur de la trachée ; ce tambour récepteur, qui n'est autre chose qu'un vase communiquant librement avec l'intérieur du poumon, doit nous donner un graphique représentant l'expression exacte des changements de pression qui se produisent à l'intérieur de ce viscère, à tous les mouvements de la respiration.

De *T* à *a* on peut voir la fin d'une inspiration; de *a* à *c* toute une expiration, avec les différents temps de la pression de l'air dans la trachée; de *a* à *b*, la ligne, presque verticale, indique une rapide élévation correspondant à la première partie de l'expiration; puis cette pression diminue jusqu'à *c*, point où commence l'inspiration. Celle-ci dure jusqu'à *e*. Alors commence une autre série de phénomènes correspondant au moment de la régestion, et qui, tout en étant produits par les organes respiratoires, n'ont cependant aucun rapport avec la respiration. — Celle-ci même, ainsi que nous le verrons plus loin, est complétement suspendue pendant leur durée. — C'est d'abord une ascension brusque de la courbe *e f*, suivie d'un plateau peu marqué dans la fig. 3, mais qu'on trouvera beaucoup plus long dans tous les autres tracés. A ce plateau succède un abaissement rapide et considérable *g h* suivi immédiatement d'une ascension non moins rapide *h i* qui ramène la courbe au point où elle se trouvait avant la descente; un deuxième plateau *i j* suit cette ascension; ce plateau est toujours plus long que le premier; il dure environ deux secondes, après quoi une inspiration nouvelle recommence la série des phénomènes respiratoires, qui se continuent régulièrement jusqu'à une nouvelle régestion.

L'examen du tracé de l'abdomen *A* vient nous donner l'explication de celui de la pression intra-pulmonaire : il nous fait voir en *m n* une élévation assez brusque, produite par une contraction de l'abdomen, d'où résulte l'ascension *e f* du tracé *T*, puis un arrêt momentané *n o* suivi d'une descente *o p* produite par une contraction énergique et instantanée du diaphragme; celle-ci correspond exactement à la descente brusque *g h* du tracé intra-trachéal (1), au moment où ce

(1) On ne doit pas oublier que tous les tracés sont donnés tels qu'ils ont été obtenus, c'est-à-dire non rectifiés, mais la rectification doit se faire par la pensée; la

dernier revient à la hauteur des plateaux, on voit également le tracé abdominal revenir à sa hauteur première. Enfin, une ligne à peu près droite *q r* exactement située au-dessus du deuxième plateau du tracé *T*, fait voir que, pendant cet espace de temps, le diaphragme est resté immobile; après quoi un abaissement lent et uniforme indique le commencement d'une inspiration ordinaire. En somme, nous lisons dans ce tracé qu'après la dernière inspiration il y a eu une contraction de l'abdomen, puis un léger temps d'arrêt suivi d'une contraction brusque du diaphragme, à laquelle succède immédiatement un relâchement instantané et un temps d'arrêt plus long que le premier. Remarquons que dans leur succession et leur durée, tous ces temps correspondent à ceux des modifications de la pression intra-thoracique.

Pendant que ces phénomènes s'accomplissent, le tracé du mouvement du thorax *C* nous présente : une élévation uniforme *s t* correspondant à un affaissement des côtes, puis une descente subite *t u* qui se trouve en face de l'ascension *p q* du tracé *A*, et qui indique qu'au moment où l'abdomen se contracte les côtes s'élèvent au contraire très-brusquement : aussi voyons-nous les deux tracés, similaires pendant la respiration, devenir tout à fait opposés pendant la régestion.

Il nous serait facile, étant donné cette figure seulement, de démontrer que ces courbes n'ont pu s'effectuer de cette manière, au moment de la régestion, que parce que la glotte s'est fermée, et que, par conséquent, les parties des tracés sur lesquelles nous venons de nous arrêter un moment ne doivent être envisagées que comme étant l'expression de mouvements spéciaux concourant à un but déterminé, et non de véritables mouvements respiratoires; mais il nous paraît plus simple de démontrer d'abord, par d'autres tracés, quel est le moment précis de cette occlusion et quelle en est la

courbe décrite par le levier écrivant se porte beaucoup en arrière dans les *minima* et les *maxima*. Ainsi, dans la fig. 3, et sur un tracé rectifié, *m n* correspond à *e f*; *n o* à *f g*; *o p* à *g h*, et *p q* à *h i*.

durée. Les explications que nous donnerons ensuite sur les courbes de la fig. 3 seront beaucoup plus facilement comprises.

Rien n'est plus aisé que de démontrer l'occlusion de la glotte. Il suffit, pour cela, d'enregistrer en même temps la pression de l'air dans la trachée et dans les cavités nasales. Pendant les actes respiratoires, l'air renfermé dans toutes les parties des organes de la respiration forme une colonne unique dont tous les points sont à la même pression, ou, si l'on veut, reçoivent en même temps les variations de pression déterminées par les contractions musculaires destinées à mouvoir la colonne. Mais lorsque la glotte se ferme, la colonne est coupée en deux, la partie supérieure, communiquant librement avec l'air extérieur, doit immédiatement se mettre à une pression identique à celle de cet air, c'est-à-dire à zéro. Mais il n'en est pas de même de l'air renfermé dans la trachée et le poumon : celui-ci, sous l'influence de la dilatation ou du resserrement de la poitrine, subira des changements de volume qui auront pour résultat des diminutions ou des augmentations de pression.

Si donc nous plaçons, dans la trachée et dans les cavités nasales deux tubes fins et que nous les mettions en communication avec deux tambours de notre appareil enregistreur, nous devrons avoir des tracés identiques pendant la respiration, et, si la glotte se ferme, nous aurons dans le tracé des cavités nasales une ligne droite indiquant le zéro.

Nous introduisons un tube, de mêmes dimensions que celui qui se trouve déjà dans la trachée, dans le méat supérieur des cavités nasales par un petit trou fait à l'os propre du nez; nous nous assurons que ce tube n'est pas obstrué par le mucus de la pituitaire, ce qui arrive assez fréquemment pendant la durée de l'expérience; nous le faisons communiquer avec le tambour à levier et nous enregistrons ainsi la pression de l'air des cavités nasales en même temps que les tracés fournis par la trachée, l'abdomen et le métronome battant les secondes. Nous obtenons ainsi le tracé ci-dessous (*fig.* 44).

On peut voir, dans cette figure, que la pression de l'air dans la trachée et les mouvements de l'abdomen ont donné

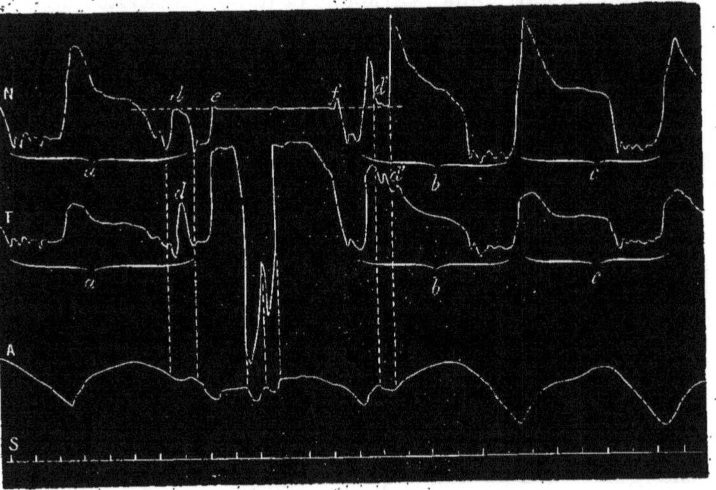

FIG. 4.

N Pression de l'air dans les cavités nasales obtenue par un tube fin enfoncé dans le méat supérieur par un trou fait à l'os propre du nez.
T Pression dans la trachée.
A Mouvements de l'abdomen.
S Secondes.

des courbes absolument identiques à celles de la fig. 3. La double contraction diaphragmatique qu'on y voit et qui se rencontre assez fréquemment dans nos tracés, n'existe que lorsque la première n'a pas suffi pour faire pénétrer les matières dans l'œsophage; on ne doit pas la regarder comme un résultat du trouble apporté par les opérations si bénignes pratiquées sur l'animal, car on la remarque souvent sur les animaux sains, il arrive même quelquefois que trois ou quatre efforts de régestion se succèdent à de brefs intervalles sans amener aucun résultat ; il est probable que dans ces cas, les matières alimentaires sont en trop petite quantité dans le rumen, ou qu'elles s'y trouvent trop peu diluées.

Les courbes de la pression de l'air dans le nez et la trachée se ressemblent de la façon la plus complète pendant les mouvements respiratoires *a, b, c;* mais aussitôt que la glotte se ferme, les tracés sont tout à fait dissemblables : le levier écrivant qui enregistre l'état de l'air dans le nez s'immobilise, et nous obtenons la droite *e f*, qui indique la pression zéro et mesure la durée exacte de l'occlusion de la glotte. Or, nous pouvons voir que cette ligne droite se superpose exactement à la forte dépression de la courbe intra-thoracique et aux deux plateaux qui la bornent en avant et en arrière (1).

Cette expérience est très-démonstrative, et il est main-

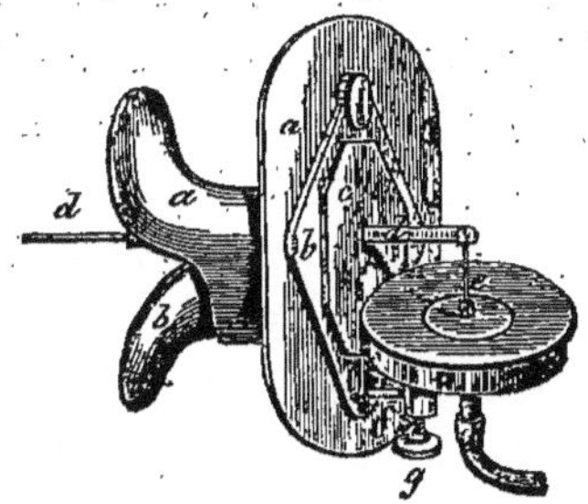

Fig. 5.

Appareil destiné à enregistrer les mouvements de l'air dans la trachée.

a a première pièce du tube à trachéotomie. *b b* deuxième pièce s'emboîtant exactement dans la première, supportant la membrane de caoutchouc *e* solidement fixée dans cette seconde pièce et dans laquelle passe l'aiguille *d d* reliée au tambour par un support articulé. *f* est une douille qui soutient le tambour maintenu par une vis de pression *g*.

tenant tout à fait impossible de douter de l'occlusion de la glotte, pendant que les phénomènes de régestion s'accom-

(1) Les points *d d'* que nous avons séparés du reste du tracé par des lignes ponctuées, sont aussi dissemblables dans les tracés de pression des cavités nasales et de la trachée, ils indiquent également des occlusions de la glotte se faisant au moment de deux déglutitions. *d* est la déglutition mérycique que nous avons déjà appelée finale ; *d'* la deuxième déglutition de liquide qui suit l'arrivée du bol de régestion à la bouche. On peut voir que ces déglutitions correspondent à des modifications de pression de l'air dans le poumon. Nous nous servirons de ce tracé dans l'étude de la déglutition chez la vache.

plissent : mais il est un autre moyen de la rendre plus évidente encore, si c'est possible, c'est d'enregistrer directement les mouvements de l'air dans la trachée.

C'est en appliquant à l'air de la trachée le principe de l'hémodromographe de Chauveau que nous enregistrons les mouvements de ce fluide. Une aiguille, soutenue par une membrane de caoutchouc, possède une extrémité élargie dans l'intérieur de la trachée, l'autre extrémité, située au dehors, indiquera par ses oscillations les mouvements de l'air. La fig. 5 donne une idée de l'appareil spécial que nous avons imaginé pour réaliser ce principe. Nous employons un tube à trachéotomie composé de deux pièces, s'engageant l'une dans l'autre, et formant dans la trachée, lorsqu'elles sont réunies, une sorte de pavillon qui empêche l'appareil de dévier de la position dans laquelle on l'a placé. Ce tube présente l'avantage de pouvoir être à volonté laissé libre ou fermé par un bouchon ; — c'est de cette manière que nous l'emploierons pour certaines expériences relatées plus loin, — mais dans le cas présent, l'ouverture du tube à trachéotomie est fermée par une membrane en caoutchouc, dans laquelle nous faisons passer un levier à palette *d*, dont la partie élargie est frappée par la colonne d'air qui se meut dans la trachée, et obéit par conséquent aux mouvements de ce fluide. Un tambour maintenu par une vis de pression s'adapte sur une des pièces du tube ; c'est sur la membrane de ce tambour que vient presser l'extrémité extérieure du levier qui se trouve relié au caoutchouc par un support articulé. Dans l'inspiration, l'air agissant sur la face supérieure de la palette, fait élever le caoutchouc du tambour de l'appareil, par suite agrandit sa cavité ; le tambour récepteur baisse au contraire, et la plume écrit une descente dans le tracé. Lorsque l'expiration arrive, l'aiguille presse sur le premier tambour et élève le levier écrivant, d'où l'élévation de la courbe.

Cet appareil est mis en place après le repas ; la douleur de l'opération est si peu chose, que la vache se met à ruminer moins d'une heure après, et nous donne le tracé suivant (*fig.* 6).

Ici encore nous avons conservé, pour rendre plus facile une comparaison, les courbes de l'abdomen et de la trachée;

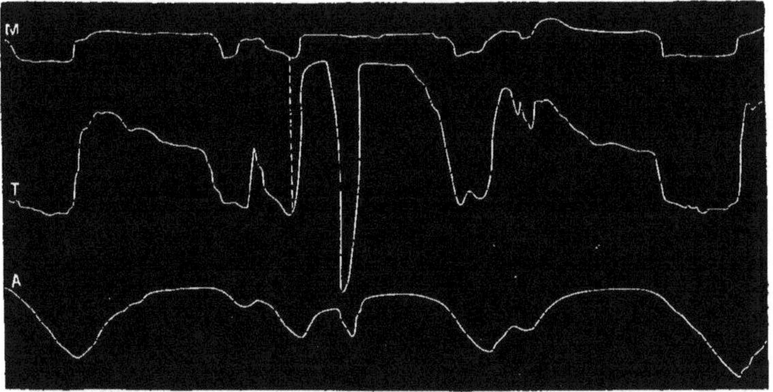

Fig. 6.

M Mouvements de l'air dans la trachée obtenus par l'appareil représenté fig. 5.
T Pression de l'air dans la trachée.
A Mouvements de l'abdomen.

M indique les mouvements de l'air dans ce dernier organe. Un simple coup-d'œil jeté sur la figure suffit pour se convaincre que, dans toute la durée de la partie du tracé thoracique, spéciale au moment de la régestion, le levier à palette de l'appareil trachéal est resté immobile : il n'y a pas eu de mouvement d'air.

L'occlusion de la glotte étant un fait parfaitement acquis et étudié dans sa durée, reportons-nous à la figure 3 et voyons comment, pendant cette occlusion, a pu se produire cette grande opposition dans les deux tracés des côtes et de l'abdomen. Rien n'est plus simple, et nous y lisons facilement que le diaphragme produit seul les variations de pression intra-thoracique : pendant toute la durée de l'occlusion de la glotte les côtes restent absolument passives. Toutes les modifications qui se voient dans le tracé, entre les deux lignes ponctuées *v* et *x*, ne sont que le résultat des changements de pression déterminés par le diaphragme. Chaque fois en effet que le diaphragme s'est contracté, l'air s'est raréfié dans le poumon, mais aussi la pression atmosphérique, s'exerçant sur les parois extérieures du thorax, a forcé celui-ci à s'affaisser ; chaque fois, au contraire, que le diaphragme s'est relâché brusquement, la pression intra-thoracique, revenant subitement à sa hauteur première, a agi sur la face interne du thorax et produit un petit mouvement d'élévation, d'où l'antagonisme qui se remarque dans cette partie des courbes.

C'est ainsi que la contraction abdominale, qui se traduit dans le tracé de l'abdomen par l'élévation de la courbe *m n*, se produisant aussitôt après l'occlusion de la glotte, a amené l'abaissement *v s* du tracé des côtes qui correspond à une légère élévation du thorax; que la contraction brusque et instantanée du diaphragme a produit la descente *o p*, tandis qu'au contraire la pression de l'air extérieur sur les côtes les forçait à s'abaisser, abaissement qui est indiqué par l'élévation *s t* du tracé *C*. Lorsque ensuite le diaphragme, cessant de se contracter, a été attiré violemment par suite de l'élasticité pulmonaire, la pression remontant rapidement à sa hauteur primitive a produit sur le thorax un contre-coup qui l'a brusquement soulevé, d'où la chute brusque du tracé *t u* correspondant à l'élévation subite *p q* du tracé de l'abdomen.

Nous pouvons donc affirmer maintenant que la dépression si profonde qui se fait remarquer dans la courbe trachéale est due à un changement de pression de l'air du poumon, changement amené par une contraction du diaphragme, la glotte restant fermée. Les mouvements des côtes et de l'abdomen, à ce moment, ne peuvent donc être que relatifs aux changements de pression dans le thorax. Aussi disons-nous dans notre note à l'Institut, *Sur le mécanisme de la régestion* (1) : « La plupart des auteurs, d'après l'inspection

(1) *Comptes-rendus de l'Institut* du 23 août. Note présentée par M. H. Bouley.

des mouvements extérieurs de l'animal en rumination, parlent d'une inspiration rapide et d'une expiration non moins rapide. Les mouvements de l'abdomen et des côtes peuvent, en effet, donner le change, mais le fait de l'occlusion de la glotte nous prouve qu'il ne peut y avoir que des changements de pression intra-thoracique appropriés à un but déterminé, mais non de véritables mouvements respiratoires. »

La diminution de pression intra-thoracique équivaut, d'après nos mesures manométriques, à environ deux centimètres de mercure.

III

MÉCANISME DE LA RÉGESTION

Sous l'influence de cette diminution de pression, on voit, avons-nous dit, le sang des jugulaires se précipiter dans la veine cave antérieure. Il doit en être de même des matières du rumen qui, nous l'avons suffisamment établi, se trouvent très-diluées aux environs de l'infundibulum œsophagien ; l'œsophage, à ce moment, se trouve porté en arrière et légèrement tendu par le diaphragme ; mais l'action importante, c'est sa dilatation qui doit forcément résulter de ce que ses parois sont attirées dans tous les sens par le poumon, dont l'élasticité est mise en jeu par cette diminution de pression. Ainsi dilaté, l'œsophage remplit le rôle d'un tube à parois rigides dans lequel on ferait l'aspiration. Les matières délayées du rumen se précipitent dans son intérieur, et le mouvement péristaltique de l'œsophage, qui suit la contraction brusque du pilier du diaphragme, les fait remonter avec une grande rapidité vers la bouche.

Les matières pénètrent bien dans l'œsophage à ce moment,

ainsi que nous le démontrons dans le tracé ci-dessous, dans lequel nous avons superposé les courbes de l'abdomen A, de la pression intra-thoracique T et du passage des substances

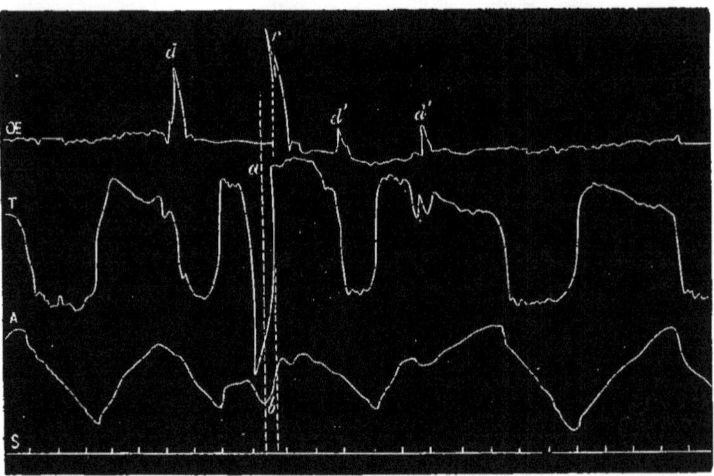

FIG. 7.

OE Mouvements transmis par l'ampoule placée dans la gouttière œsophagienne. *d* déglutition. *r* passage du bol de régestion. *d' d'* déglutitions de liquide suivant toujours l'arrivée du bol à la bouche.

T Pression dans la trachée.

A Mouvements de l'abdomen.

S Secondes.

dans l'œsophage *Œ*. Nous retrouvons, dans cette dernière courbe, les particularités que nous avons déjà étudiées dans la fig. 2 : la première élévation *d* est produite par le passage du bol de déglutition à la fin de la mastication mérycique ; ce bol met très-peu de temps pour arriver à l'estomac, puisque nous voyons, presque immédiatement, les phénomènes de préparation à la régestion se manifester. La ligne ponctuée *a b* qui coupe le sommet de la contraction diaphragmatique correspond au moment où la dépression est le plus considérable dans le thorax ; or, à peine ce moment est-il écoulé, que l'on voit le bol passer à la base du cou, ainsi que l'indique l'élévation *r* de la courbe *Œ*; en même temps, la pression thoracique revient à sa hauteur première, et le bol arrive à la bouche. L'ascension est très-rapide, car, pour arriver à la base du cou, c'est-à-dire à la moitié de son trajet, le bol de régestion a mis environ un tiers de seconde.

Mais on peut évaluer exactement la durée du temps employé par le bol pour parcourir toute la longueur de l'œsophage. Nous avons vu qu'on pouvait savoir à quel moment le bol franchit l'isthme du gosier, car l'animal, en ouvrant la bouche pour le recevoir, exécute un mouvement que nous avons déjà enregistré. Nous écrivons donc simultanément le passage des bols dans l'œsophage,

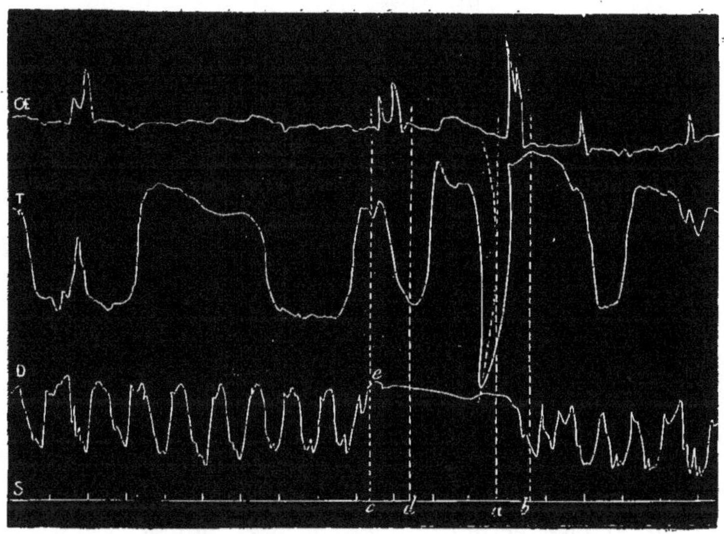

Fig. 8.

OE Tracé du passage des aliments dans l'œsophage.
T Pression dans la trachée.
D Mouvements des mâchoires.
S Secondes.

la pression intra-thoracique et le mouvement des mâchoires. Les tracés étant exactement superposés, nous disons que le temps pendant lequel s'est inscrite la longueur du graphique compris entre les deux lignes ponctuées *a b* a suffi pour que les matières parcourussent toute la longueur de l'œsophage. En effet, la ligne *a* correspond au moment de l'entrée des aliments dans le cardia, ou plutôt, au début de la contraction antipéristaltique provoquée par la contraction du pilier du diaphragme, puisqu'elle est tangente à la courbe décrite par le levier, courbe qui passe par le sommet de la dépression thoracique. *b* indique également le moment de l'arrivée du bol à la bouche, car c'est à ce moment que l'animal écarte les mâchoires pour le recevoir. Or, on peut s'assurer, par le tracé des secondes, que l'ascension s'est effectuée en moins d'une seconde.

Nous pouvons également, au moyen des tracés de la fig. 8, mesurer la marche du bol de déglutition.

Dans son *Mémoire sur le mécanisme de la rumination,* Flourens conclut que les aliments, pour être transportés directement dans la caillette, doivent être très-ténus. Cette condition nous semble en effet nécessaire, puisque la rumination n'a pas d'autre but. Mais il ajoute que dans la deuxième déglutition « on voit l'œsophage rester affaissé. » Il faut en outre, dit-il, que la déglutition ne se fasse pas trop rapidement, sans quoi l'œsophage, dilaté trop brusquement, s'ouvre, et on voit les aliments retomber dans les deux premiers estomacs. Si l'on examine sur nos tracés le passage du bol dégluti à la fin de la deuxième mastication, on peut s'assurer, au contraire, que sa marche est très-rapide, presque aussi rapide que celle du bol de régestion. C'est, en effet, entre les lignes *c d* qu'a lieu tout entière cette déglutition. Au moment où la déglutition commence, l'animal serre les mâchoires, et produit, ainsi que nous l'avons fait voir, l'élévation *e* du tracé de la mastication; d'autre part, les phénomènes qui précèdent la régestion ne peuvent s'effectuer que lorsque le bol est arrivé dans la caillette, ou tout au moins dans la gouttière œsophagienne. Le début de la fermeture de la glotte doit donc indiquer que le bol est déjà arrivé au-delà de l'ouverture œsophagienne du rumen. La ligne *d* correspond exactement à cette occlusion.

Donc, en prenant même le temps le plus long que puisse durer la déglutition, elle ne se sera pas moins effectuée dans l'espace de temps que l'appareil a mis pour écrire la longueur du tracé *c d*, soit environ une seconde.

IV

EFFET DE LA TRACHÉOTOMIE SUR LA RÉGESTION

Il était intéressant de savoir ce qui allait se passer dans le cas où l'air intra-pulmonaire ne serait pas, au moment de la régestion, exactement emprisonné, comme il l'est normalement, par la fermeture de la glotte. Pour cela, on pratique la trachéotomie au-dessus du tube de la trachée, et on place l'appareil particulier (*fig.* 5) avec lequel il est possible d'établir ou de fermer à volonté l'ouverture qui vient d'être pratiquée, sans interrompre la circulation de l'air et sans que l'animal s'en trouve impressionné. Pour arriver à ce résultat, on enlève le tambour ainsi que la lame de caoutchouc dans laquelle passe l'aiguille. On a alors un tube à trachéotomie se plaçant avec la plus grande facilité, et dont le pavillon interne occupe un espace assez restreint dans la trachée, pour ne pas modifier sensiblement la circulation de l'air. L'ouverture est fermée par un bouchon de liége ou un clapet métallique qui s'enlève avec la plus grande facilité et sans secousse. Les choses étant ainsi placées et l'appareil fermé, nous constatons facilement que tout marche très-bien, car le tracé que nous obtenons se trouve absolument semblable à celui de la fig. 3 que nous avions obtenu la veille, alors qu'il n'y avait aucune opération faite sur la trachée. Dans ces conditions, si on enlève le bouchon, on a pour résultat une trachéotomie immédiate, l'animal ne s'en aperçoit nullement et ne perd même pas un coup de dent. La première chose qu'il est possible de constater, c'est une diminution considérable de l'amplitude des oscillations de la courbe trachéale.

Au moment de la régestion, de *a* à *b* (*fig.* 9) il y a tendance à la formation des plateaux, mais ceux-ci ne peuvent

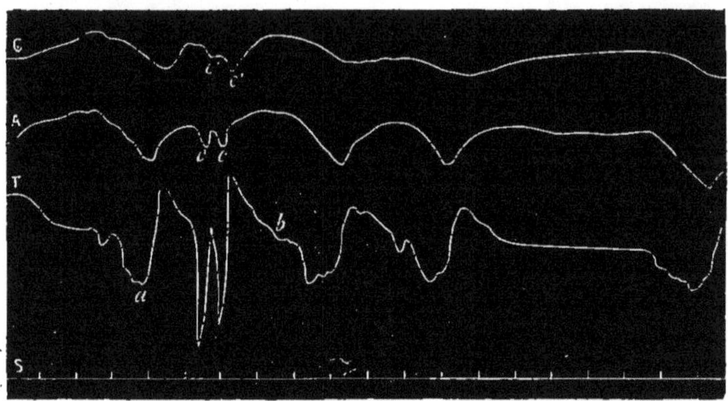

Fig. 9.

Tracé recueilli sur une vache trachéotomisée.

C Mouvements des côtes.
A Mouvements de l'estomac.
T Pression intra-trachéale.
S Secondes.

se faire, en raison de la communication avec l'air extérieur; la pression diminuant constamment, on voit la ligne s'abaisser assez rapidement jusqu'à ce que la contraction diaphragmatique produise une chute rapide comme à l'état normal. Nous ferons également observer qu'ici les *maxima* et les *minima* sont moins prononcés; c'est la conséquence naturelle de la diminution de pression dans l'appareil respiratoire. La contraction diaphragmatique se produit donc comme dans les conditions normales, mais les mouvements du thorax ont complétement changé de nature; au lieu d'être en antagonisme avec ceux du diaphragme, ils leur viennent en aide; ils sont synergiques et cela au premier mouvement, sans qu'il y ait eu préparation de l'animal; on constate une très-rapide descente de la courbe, produite par une contraction brusque et simultanée des côtes et du diaphragme, déterminant un abaissement de pression suffisant pour que les matières puissent pénétrer dans l'infundibulum œsophagien.

Ces particularités se remarquent très-bien sur la fig. 9 qui nous montre une double contraction diaphragmatique *c, c* et costale *c' c'* se correspondant exactement. On peut voir aussi sur ce tracé qu'après la deuxième expiration qui suit la régestion, il se produit un *arrêt momentané du diaphragme* que la plume inscrit par une ligne droite. Cet arrêt ne manque jamais à la deuxième ou troisième expiration qui suit la régestion, lorsque la trachéotomie est pratiquée; on doit l'attribuer à ce que l'hématose s'étant produite pendant la régestion l'animal n'éprouve plus le besoin de respirer pendant un court instant (1).

L'action synergique des puissances respiratoires, dans ces

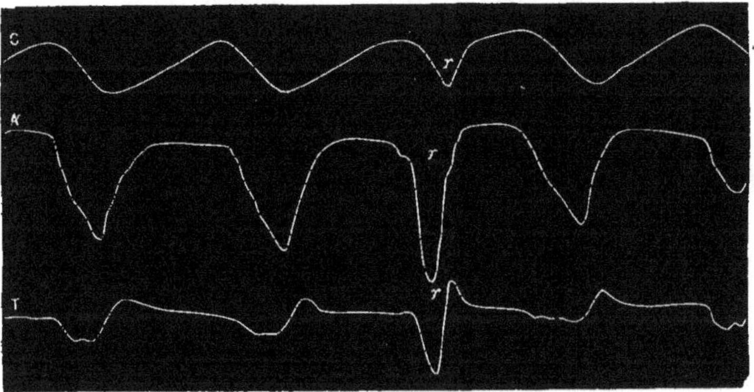

FIG. 10.

Mouton trachéotomisé.

C Mouvements des côtes.
A Mouvements de l'abdomen.
T Pression dans la trachée. (L'amplitude des variations est considérablement diminuée par la trachéotomie.)
r r Mouvements de la régestion.

conditions, est plus apparente encore chez le mouton sur lequel nous avons pris le tracé de la fig. 10. Le tracé de la

(1) Voyez P. Bert : *Physiologie de la respiration.*

trachée a singulièrement diminué d'amplitude. (La fig. 10 est de grandeur naturelle, toutes les autres sont réduites à moitié.)

V

LE RUMEN EST-IL ACTIF PENDANT LA RÉGESTION

Il n'y a donc pas de doute à conserver sur la part d'action qui doit être attribuée à la raréfaction de l'air de la poitrine au moment du passage des substances du rumen dans l'œsophage.

Mais cette cause est-elle la seule, et les contractions du rumen et du réseau n'ont-elles pas aussi leur importance, comme tous les auteurs l'ont écrit ?

Pour nous en assurer, il nous fallait trouver un moyen d'enregistrer les contractions des estomacs pendant la rumination. Nous y sommes parvenus pour le rumen au moyen du procédé que nous allons décrire. Nous adaptons à l'extrémité d'une sonde œsophagienne de faible calibre un petit doigt de gant en caoutchouc, dans lequel nous avons placé une éponge fine très-légèrement humectée, pour lui permettre de développer toute son élasticité. Nous nous assurons que l'appareil fonctionne très-bien et peut rendre les mouvements les plus brusques. Nous l'introduisons ensuite dans l'œsophage, par une incision aussi petite que possible faite à la base du cou ; nous avons le soin de recoudre au moyen de fils nombreux la muqueuse d'abord, la membrane charnue ensuite et les téguments. Ainsi placée, la sonde est mobile, avance et recule facilement dans le rumen ; les contractions de cet organe l'entraînent même quelquefois avec une si grande force qu'on est obligé, pour ne pas la voir disparaître, de la fixer au dehors à la corne de l'animal. Nous devons également noter que lorsqu'on veut la retirer et que l'ampoule arrive à l'œsophage, celui-ci doit se contracter brusquement et se resserrer autour de la sonde, car il faut opérer une traction assez forte pour lui faire franchir le pilier du diaphragme.

La quantité de salive perdue par la fistule de l'œsophage est à peu près nulle ; l'animal peut même boire facilement et cependant ne laisser échapper qu'une quantité insignifiante de liquide.

Si l'on s'en tenait aux phénomènes extérieurs, on pourrait croire que l'animal est à peine impressionné et qu'il va ruminer immédiatement, car on a eu soin de le faire manger avant l'opération ; mais il n'en est pas ainsi : la sonde avait été placée à trois heures du soir et ce ne fut qu'à neuf heures que l'animal parvint à ruminer ; il avait, avant cette heure, essayé à différentes reprises de ramener des aliments dans sa bouche, mais sans arriver à aucun résultat. Lorsqu'enfin

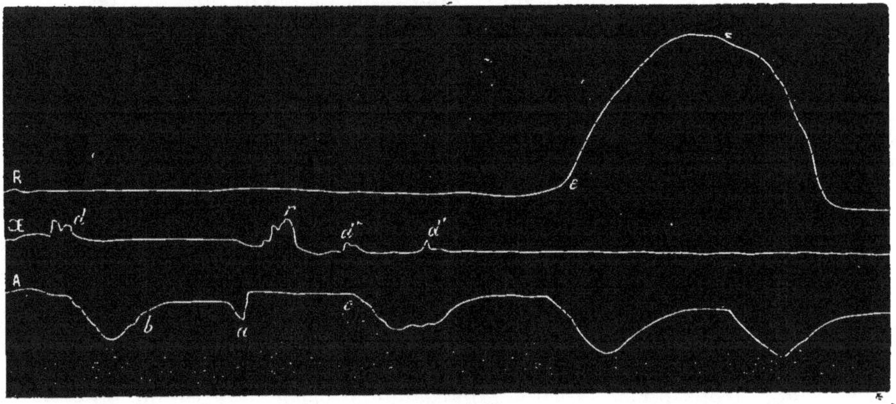

Fig. 11.

R Courbe des mouvements du rumen obtenue au moyen d'une sonde introduite par une fistule œsophagienne.
OE Ampoule placée dans la gouttière jugulaire.
A Mouvements de l'abdomen.

il parvint à ruminer, nous nous hâtâmes de prendre le tracé de l'abdomen et celui qui était fourni par l'ampoule du rumen (*fig.* 11) ; on avait placé également l'ampoule extérieure de l'œsophage pour enregistrer le moment du passage des bols ; le premier fut dégluti ; il a produit l'ondulation *d* de la courbe *Œ*.

Une seconde tentative de régestion fut suivie de succès. On peut voir, sur le tracé A, la contraction diaphragmatique a, en tout semblable à celles que nous avons vues jusqu'à présent; l'occlusion de la glotte dura longtemps, de b à c. Le passage des matières est indiqué en r dans le tracé de l'ampoule extérieure de l'œsophage, ainsi que les déglutitions d', d', qui suivent toujours son arrivée à la bouche. Pendant toute la durée de ces phénomènes, le levier R, correspondant à l'ampoule du rumen, ne décrivit qu'une ligne droite, c'est seulement en e qu'elle commença à s'élever pour déceler l'énorme contraction que l'on peut voir, contraction lente, possédant tous les caractères des contractions des fibres lisses. De semblables contractions se reproduisent assez fréquemment dans le tracé, mais elles sont toujours postérieures aux mouvements du diaphragme ; elles semblent être provoquées par ceux-ci, mais jamais elles ne coïncident avec eux. D'ailleurs, si l'on examine les caractères de ces contractions, on peut s'assurer qu'il est de toute impossibilité qu'un mouvement aussi lent et prolongé puisse agir efficacement dans un acte qui s'exerce avec une célérité aussi grande que celle de la régestion. Nous n'hésitons donc pas un seul instant à dire que *dans la régestion le rumen est passif.*

Cette conclusion est en opposition complète avec les assertions des physiologistes qui ont étudié le rôle du rumen par l'observation seulement ; elle est cependant la seule vraie, et, dirons-nous, la seule admissible. Il est assez étrange, en effet, de voir qu'après avoir constaté la rapidité de l'acte qui nous occupe, ils aient fait jouer le rôle principal à un organe qui, par sa composition histologique, et tout ce que l'on sait sur la contraction des fibres de la vie organique, ne peut avoir d'autre mode de contractilité que celui de tous les autres viscères dont la tunique musculeuse est formée des mêmes éléments.

Après la régestion que nous venons d'enregistrer, l'animal déglutit et fit ensuite très-souvent, dans la demi-heure qui suivit, des efforts infructueux pour ruminer. Nous l'examinâmes deux heures encore, mais, rebuté sans doute par ses insuccès, il se coucha et ne rumina plus. Deux jours après, il fut tué sans avoir ruminé de nouveau.

A quoi attribuer cette grande difficulté de la régestion dans le cas présent? On ne peut arguer ici, comme dans les expériences de Flourens relatées plus haut, que les aliments étaient desséchés, puisque l'animal avalait toute sa salive et qu'il avait même pris des boissons. Une opinion qui nous paraît plus plausible, c'est d'invoquer la contractilité de l'œsophage. Lemoigne a en effet constaté que l'œsophage est extrêmement irritable et qu'il suffit de vouloir introduire le doigt dans l'infundibulum, en passant le bras par une fistule du rumen, pour exciter immédiatement une contraction réflexe de l'organe, qui, aidée d'une contraction du pilier du diaphragme, saisit le doigt et le serre avec force. Peut-être en est-il de même ici pour la sonde, cependant très-fine, que nous avons introduite par l'œsophage; il a pu arriver que les mouvements de régestion la fissent osciller et excitassent ainsi les piliers avant que les matières n'eussent eu le temps de pénétrer dans l'œsophage.

VI

ACTION DE LA RÉGESTION SUR LE CŒUR ET LES GROS VAISSEAUX.

Les expériences que nous venons de relater ont été faites il y a près de trois ans, et la plupart des faits qu'elles démontrent ont été consignés dans un Mémoire qui parut dans le numéro de mars-avril 1875 des *Archives de physiologie*. Nous avons eu cet hiver l'occasion d'étudier de nouveau certains points non encore touchés du mécanisme de la rumination, et nous avons été assez heureux pour provoquer la régestion artificielle et faire pour ainsi dire la synthèse de l'acte que nous venons d'analyser. Ces dernières expériences, entreprises dans notre laboratoire de l'Ecole de Toulouse, nous semblent assez importantes pour mériter un chapitre spécial. Quelques-unes d'entre elles qui se rapportent à l'action de la régestion sur le cœur eussent pu trouver place dans le cours de la description que nous venons de faire ; nous les avons rapportées ici parce qu'elles ont été obtenues au moyen d'un procédé graphique un peu plus perfectionné que celui que nous employions alors, et qui nous semble mériter quelques mots de description.

Dans nos premières expériences nous nous servions, ainsi que nous l'avons expliqué, de l'enregistreur du cardiographe de Chauveau et Marey, qui ne nous permettait d'obtenir que quatre ou cinq tracés superposés et nécessitait l'emploi de papier blanc sur lequel des plumes chargées d'encre traçaient les lignes des graphiques.

Nous nous sommes servi cette fois de l'enregistreur universel de Marey, à papier enfumé, beaucoup plus commode en ce qu'il ne nécessite pas une attention soutenue comme le papier blanc. Mais l'appareil à cylindre unique de Marey a lui-même une course trop brève, ou, si l'on veut, ne présente pas une longueur de papier suffisante pour enregistrer des actes de longue durée comme la rumination. Nous avons été conduit alors à employer deux cylindres conjugués par une bande de papier sans fin.

L'un des cylindres est adopté au mouvement du régulateur Foucault, l'autre, monté sur un pied assez lourd pour ne pas être entraîné par le poids du papier, est placé à une certaine distance du premier, et de manière que son grand axe soit parallèle à l'axe du premier cylindre. On découpe alors une bande de papier d'une largeur égale à celle des cylindres et d'une longueur facultative (1). Les deux extrémités

(1) Nous nous servons dans nos expériences d'une bande de papier-tapisserie blanc glacé, que l'on trouve chez tous les marchands de papiers peints. Ce papier a exactement le double de la largeur des cylindres des enregistreurs Marey (grand modèle). Sa longueur est de huit mètres ; nous faisions avec un rouleau quatre bandes de papier de quatre mètres chacune. Ce papier glacé a l'avantage de faciliter le glissement des léviers écrivants ; mais le noir de fumée s'y fixe plus difficilement que sur le papier ordinaire, et l'on est obligé pour le maintenir d'employer un vernis à l'alcool assez fortement concentré. Ce papier a en outre l'inconvénient d'être lourd et assez peu résistant.

de la bande de papier sont réunies et collées de telle sorte que les deux bords soient exactement de même longueur. On la place ensuite sur les deux cylindres et on le tend en éloignant le cylindre mobile tout en le maintenant exactement parallèle au premier. Le mouvement de l'appareil entraîne facilement les cylindres et le papier qui les réunit, lequel remplit ainsi le rôle d'une courroie dont toutes les parties viennent successivement passer devant les leviers écrivants.

Pour noircir cette longue bande de papier, on fait usage d'un appareil imaginé par M. Chauveau : c'est une sorte de rampe de bougies de cire placée au-dessous du cylindre mobile. Ces bougies, au nombre de cinq à dix, sont renfermées dans des étuis à ressort semblables à ceux qu'on emploie dans les lanternes de voitures ; le ressort, en poussant la bougie au fur et à mesure qu'elle se brûle, maintient constamment la flamme à la même hauteur. La rampe qui porte les bougies doit pouvoir être mue dans le sens transversal, afin que chaque flamme vienne occuper l'intervalle laissé d'abord entre deux bougies.

On se sert pour noircir le papier du mouvement de moyenne vitesse de l'appareil. Les bougies ont été allumées à l'avance, et lorsque les flammes sont arrivées à la même hauteur, on place le cylindre mobile sur son support et on laisse marcher le tout ; les flammes tracent des traînées noires. Après un ou deux tours du papier dans cette position, on déplace transversalement la rampe, et les intervalles laissés en blanc se noircissent à leur tour. On peut ainsi, en très-peu de temps, enfumer uniformément une très-grande surface. Après l'opération, on fixe ensuite le tracé en faisant tourner l'un des cylindres dans une cuvette allongée remplie de vernis dilué, pendant qu'un aide tient l'autre cylindre à la hauteur voulue au-dessus de la cuvette.

La largeur des cylindres permet de superposer un certain nombre de tracés. S'ils ont peu d'amplitude on peut aller facilement jusqu'à dix. Nous en avons recueilli huit (voyez *fig.* 12) dans certains cas, ce qui est très-précieux pour la comparaison des phénomènes dont ils sont l'expression. On a ainsi l'avantage de faire, en un temps relativement court, l'étude d'un grand nombre de mouvements simultanés.

Nous avons démontré que c'est à la diminution de la pression intra-thoracique, conséquence immédiate d'une contraction brusque du diaphragme, qu'est dû le passage des matières alimentaires du rumen dans l'œsophage. Il nous a paru intéressant d'étudier l'influence de cette dépression sur le cœur et les gros vaisseaux de la cavité thoracique.

Nous nous sommes servi pour faire cette exploration, de la sonde cardiographique que Chauveau et Marey ont employée pour étudier les mouvements du cœur sur le cheval. La sonde a été introduite comme sur ce dernier animal; on l'a successivement placée dans le ventricule droit et dans la veine cave. Voici comment on a procédé :

Sur une vache sur laquelle on avait recueilli des tracés de rumination analogues à ceux qui ont été décrits précédemment, immédiatement après un repas, au moment où l'animal va ruminer, on met à découvert la jugulaire droite dans une étendue d'environ douze centimètres; la veine est liée supérieurement, puis ouverte, et la sonde est introduite. Les grandes dimensions de la jugulaire externe chez la vache rendent cette opération de la plus grande facilité, et comme aucun accident n'est venu la compliquer, l'animal est bientôt remis de la légère douleur éprouvée pendant la mise à nu du vaisseau. La sonde est poussée de façon que l'ampoule inférieure réponde au ventricule et l'ampoule supérieure à l'oreillette. En prenant immédiatement le tracé que fournissent ces ampoules, on constate que les mouvements du cœur sont absolument normaux; il n'y a aucune augmentation dans leur nombre et aucune altération du rhythme; les légères irrégularités que provoque toujours, au premier moment, le contact de la sonde avec les parois du cœur droit, disparaissent en moins d'une demi-minute. On place alors les ceintures pneumographiques, et on fait communiquer les cavités nasales et la trachée avec les tambours de l'appareil enregistreur.

Ces diverses opérations n'avaient pas demandé plus de cinq à six minutes, et elles étaient à peine achevées que l'animal se mit à ruminer. L'exécution aussi rapide d'un acte que retardent les moindres perturbations dans l'état ordinaire d'un ruminant est la meilleure preuve que nos opérations avaient à peine impressionné l'animal et qu'il se

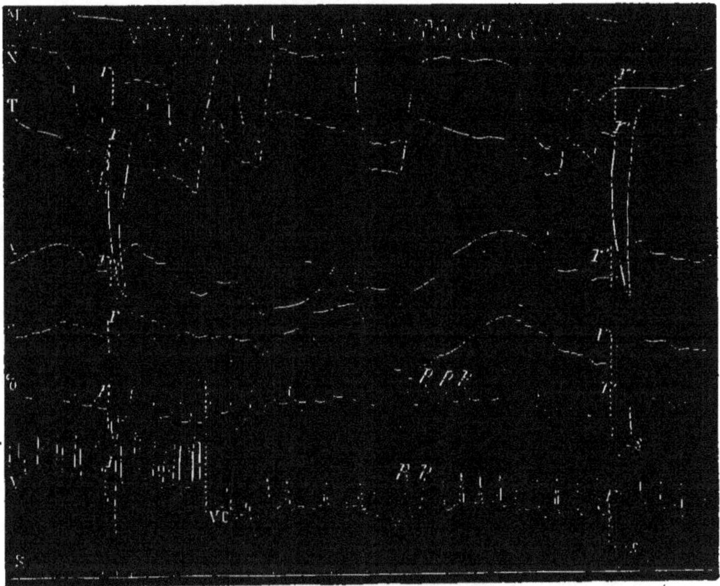

Fig. 12.

Influence de la régestion sur le cœur et les gros vaisseaux.

M Courbe des mouvements des mâchoires.
N Courbe de la pression de l'air dans les cavités nasales.
T Courbe de la pression de l'air dans la trachée.
A Courbe de l'abdomen.
C Courbe du thorax.
O Tracé de l'oreillette droite.
V Tracé du ventricule droit. (En *v c* la sonde cardiographique a été retirée dans la veine cave.)
S Secondes.

trouvait dans son état normal; c'est d'ailleurs ce que nous démontra le beau tracé que nous pûmes recueillir immédiatement.

Nous détachons de ce tracé le fragment ci-dessus (*fig.* 12), qui comprend un cycle complet de la rumination et le commencement d'un second.

Dans cette figure nous retrouvons les courbes des mouvements de la mastication, de la pression de l'air dans les cavités nasales et la trachée, des mouvements de l'abdomen et du thorax, et enfin les graphiques *V* et *O* fournis par la sonde cardiographique. Les premiers tracés ont été suffisamment analysés. Nous n'avons à nous occuper que des courbes fournies par la sonde.

De *O* et *V* en *v c* la sonde est restée placée dans le cœur. *O* est le tracé de l'oreillette ; *V* celui du ventricule. Mais pendant que l'animal rumine, on retire avec précaution les deux ampoules dans la veine cave antérieure et on les y maintient jusqu'après la deuxième régestion. Le tracé donne par conséquent la pression dans le ventricule, l'oreillette et la veine cave.

a. Le tracé du ventricule droit de *V* à *r* ne diffère en aucun point des tracés types obtenus par Chauveau et Marey. On voit en *r* un fort abaissement de la courbe et un relèvement brusque. L'abaissement correspond à une régestion ; il a été déterminé par l'abaissement de pression intra-thoracique que détermine cet acte. Le relèvement brusque est dû à une systole. Dans la partie du tracé que nous avons pris pour exemple, la dépression cardiaque, qui accompagne le mouvement de régestion, est arrivée au moment de la diastole ventriculaire et semble avoir duré autant qu'elle, mais il est incontestable qu'elle a été abrégée par la contraction systolique du ventricule.

b. L'oreillette nous a également donné un tracé type de *O* à *r*, puis, au moment de la régestion, nous observons un phénomène de même nature que celui que nous venons de constater dans le tracé ventriculaire, c'est-à-dire un abaissement subit de la courbe, abaissement qui dure un peu plus longtemps que celui du ventricule qui a été abrégé par la systole.

c. Les deux tracés fournis par la veine cave sont absolument identiques ; l'inférieur a seulement un peu plus d'amplitude, ce qui tient à ce que la sonde qui l'a fourni était plus rapprochée du cœur et a été plus fortement impressionnée par le pouls veineux. On voit, au moment où la sonde a été amenée dans la veine cave, ce tracé s'abaisser au-dessous de la ligne qu'il occupait d'abord, ce qui est dû à la différence de pression constante dans le ventricule droit et dans la veine cave. Les accidents *p p* correspondent à des systoles ; ils sont dus au pouls veineux. Le tracé supérieur s'est maintenu sensiblement à la même hauteur, ce qui indique que la pression sanguine est sensiblement la même dans la veine cave et dans l'oreillette droite. En r' nous voyons l'effet de la régestion sur la veine ou, si l'on veut, sur la pression du sang dans le vaisseau. La régestion est arrivée au moment d'une systole cardiaque, systole qui n'a laissé qu'une faible trace *s* dans les tracés de la veine.

Lorsque la régestion arrive ainsi pendant une systole, cette dernière semble avortée ; son amplitude reste cependant à peu

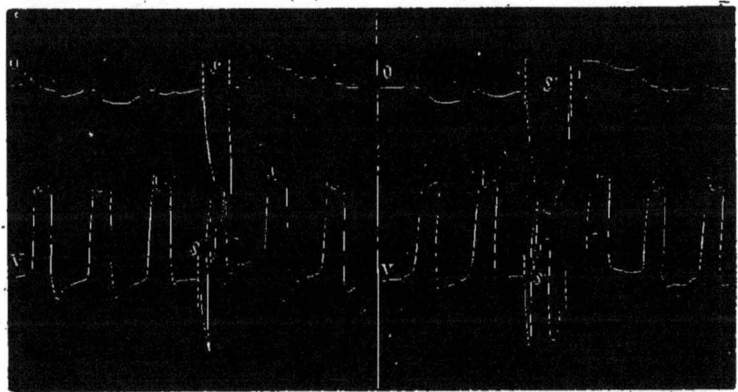

Fig. 13.
V Tracé du ventricule droit.
O Tracé de l'oreillette.

près la même, mais comme elle arrive au moment où la pression est considérablement abaissée, elle n'a guère pour effet que de ramener la pression au niveau du *minima* des autres systoles. On voit dans la figure 13 deux tracés de cette nature. En *s* le mouvement de régestion est arrivé tout à fait au début, et sa durée a été à peu près la même que celle de la contraction du cœur. En *s'* le mouvement, commencé au même moment, durait encore au début de la diastole.

L'effet de la dépression thoracique est toujours beaucoup plus marqué sur l'oreillette. On comprend facilement qu'elle doit avoir plus d'action sur les faibles parois de cette cavité que sur celles des ventricules qui sont beaucoup plus épaisses; l'oreillette est dilatée et la pression y reste abaissée pendant toute la durée de la contraction diaphragmatique. La systole auriculaire n'est jamais suffisante pour la vaincre; c'est à peine si, dans quelques cas, elle détermine un léger temps d'arrêt dans la descente du levier.

Cet abaissement de pression dans les gros vaisseaux et surtout dans la veine cave et l'oreillette nous explique la rapidité du cours du sang dans la jugulaire, et cette espèce d'aspiration que l'on remarque si facilement au dehors, sur ces veines, à la base du cou. L'effet qui se produit ici est tout à fait identique à celui qui est produit sur l'œsophage.

VII

EFFETS DE LA SECTION ET DE L'EXCITATION DES NERFS PHRÉNIQUES

Toutes les expériences que nous avons relatées jusqu'à présent, nous ont amené à cette conclusion : que le diaphragme agit comme puissance active unique pendant la rumination. Il était donc indiqué de paralyser cette puissance, pour voir de quels effets serait suivie cette paralysie. On savait déjà, par les expériences de Flourens (1), que la rumination continue après la section des nerfs phréniques, mais il nous fallait chercher par quel moyen l'animal arrive à remplacer l'action diaphragmatique.

(1) Flourens : Mémoire cité.

Il n'est pas facile, chez un ruminant à qui l'on doit éviter les grands délabrements et les opérations très-douloureuses, de paralyser complétement le diaphragme. Les nerfs phréniques sont constitués par deux filets qui proviennent de la 5e et de la 7e paires cervicales. La branche de la 7e paire passe à la surface du scalène inférieur, parallèlement à la première côte; elle est dans une position par conséquent superficielle et facile à atteindre; mais la deuxième racine se trouve au contraire cachée profondément sous le muscle et ne va se réunir à la première que dans la cavité thoracique, en arrière de la première côte.

Nous nous contentâmes donc de faire la section de la branche superficielle provenant de la 7e paire cervicale.

Cette section, faite simultanément des deux côtés, eut pour effet immédiat de produire une certaine dyspnée. Le thorax qui jusque-là n'avait eu qu'une action secondaire dans l'acte respiratoire, prit immédiatement la première place et agit très-activement. Son tracé était de beaucoup le plus ample. Les mouvements du diaphragme avaient considérablement diminué d'amplitude.

L'animal, qui avait mangé avant l'opération, commence à ruminer une heure environ après la section; mais il le fait avec une certaine gêne; les bols semblent avoir un volume moindre; les coups de dents de la mastication mérycique sont moins nombreux, moins réguliers, et après avoir fait deux ou trois mouvements successifs, il s'arrête et cherche à manger. En somme, il y a une certaine altération de l'acte qui paraît due à la difficulté plus grande que l'animal éprouve à provoquer la régestion.

L'examen des tracés obtenus pendant que l'animal rumine ne laisse constater de différence avec ceux qui avaient été recueillis pendant la rumination normale que dans les courbes de l'abdomen et du thorax. La figure suivante montre ces différences.

Elles consistent en ce que le tracé du thorax ressemble, de tous points, à celui de l'abdomen chez l'animal sain, et réciproquement; c'est-à-dire que ce sont maintenant les côtes qui s'élèvent brusquement pour produire la dépression intra-thoracique, tandis que l'abdomen subit l'effet de la pression atmosphérique extérieure, et refoule le diaphragme

FIG. 14.

Tracés fournis par le thorax *C*, l'abdomen *A* et la pression intra-trachéale *T* après la section de la branche superficielle des nerfs phréniques.

r Régestion.

au moment de la régestion. Les rôles sont absolument changés, mais l'effet reste le même. Cet effet est toujours la diminution brusque et considérable de la pression intra-pulmonaire.

Sur une chèvre, nous fîmes la section des deux racines du phrénique de chaque côté. Immédiatement après cette section, l'animal fut pris d'une dyspnée telle qu'il pouvait à peine se soutenir. Les côtes se tordaient convulsivement et le moindre mouvement suffisait pour la faire tomber. Elle fut tuée sans avoir ruminé.

Après la section des branches superficielles des nerfs diaphragmatiques et la constatation des phénomènes que nous venons de relater, il restait à exciter les bouts périphériques des nerfs coupés. Pour cela, chacun de ces bouts fut mis en contact avec l'un des pôles d'une bobine dans laquelle on pouvait faire passer un fort courant. L'action du courant induit devait être assez brève et provoquer seulement un très-court tétanos du diaphragme. En général, la durée de ce tétanos n'excéda pas une seconde à une seconde et demie.

Cette excitation faite sur l'animal, dont les narines étaient ouvertes, amenait une assez forte dépression de l'air intrapulmonaire ; mais la pression normale se rétablissait presque instantanément, ou ne produisait qu'une très-courte inspiration, la glotte restant ouverte.

Pour réaliser exactement les conditions de la rumination, un aide fut chargé de fermer avec la paume des deux mains l'ouverture extérieure des cavités nasales et, pendant ce temps, on pratiquait la galvanisation. Le résultat fut, cette

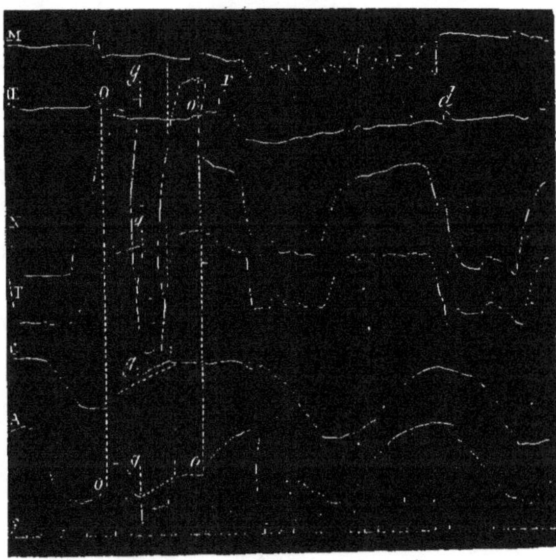

Fig. 15.

Régestion artificielle.

M Courbe des mouvements de la mastication.
OE Courbe du passage des aliments dans l'œsophage.
N Pression de l'air dans les cavités nasales.
T Pression de l'air dans la trachée.
C Courbe des mouvements du thorax.
A Courbe des mouvements du diaphragme.
S Secondes.

fois, complet ; à chaque galvanisation, un bol remontait le long de l'œsophage, l'animal le mâchait quelques instants avant de le déglutir, ou même le déglutissait immédiatement.

La fig. 15 représente une régestion artificielle après laquelle l'animal a mâché le bol régurgité, pendant quelques secondes, avant de le déglutir.

Toutes les conditions de la rumination normale sont remplies. On voit en M le tracé des mouvements des mâchoires; en A, le passage des bols le long de l'œsophage; r est le passage du bol régurgité; d la déglutition qui suit la mastication. Les autres tracés montrent les différents phénomènes que nous avons observés jusqu'ici dans les courbes de la pression intra-trachéale et dans celles des côtes et de l'abdomen. L'occlusion des narines a eu lieu de o à o. En g, la galvanisation a été pratiquée ; elle a produit, dans les tracés des cavités nasales et de la trachée, le profond abaissement de la courbe. Sur le tracé de l'abdomen A, on voit aussi cette galvanisation produire l'abaissement du graphique. Enfin, sur le tracé du thorax, elle a déterminé une courbe en sens inverse, résultant de l'affaissement du thorax sous l'influence de la pression atmosphérique extérieure.

Nous avons donc, par cette galvanisation incomplète, puisqu'elle ne portait que sur une seule racine des phréniques, réalisé la synthèse du mécanisme de la rumination.

Au moment de tuer l'animal, nous voulûmes rendre ce phénomène de la régestion plus apparent encore, si possible. L'œsophage fut mis à nu dans la partie inférieure du cou et incisé en long; puis, on pratiqua la galvanisation, comme nous venons de le dire ; après chaque passage des courants, les aliments de la panse remontaient avec une grande force et étaient lancés, en un seul jet, à une distance d'au moins deux mètres. Ces aliments étaient très-dilués ; c'était un liquide verdâtre renfermant des parties alimentaires grossières ou plus ou moins fines, analogues à celles que l'on rencontre dans la panse, dans sa partie la plus rapprochée du réseau et de l'orifice œsophagien.

Nous ajouterons qu'il nous a paru que ces matières avaient une marche analogue à celle de matières lancées avec force dans un tube inerte; elles s'échappaient en un seul jet, et nous n'avons remarqué, au moment de leur passage, aucune contraction péristaltique. Nous pensons que celles-ci font défaut.

Nous avons essayé, sur une chèvre, de provoquer des régestions réflexes en galvanisant la région du cou, au niveau de l'œsophage; car il nous avait semblé, plusieurs fois, que l'excitation de ce conduit avait été suivie de régestions. Longet (1) dit en avoir provoqué sur un mouton, en pinçant l'œsophage. Mais nos manœuvres n'amenèrent aucun résultat.

Nous ne fûmes pas plus heureux, lorsque l'œsophage et les nerfs du cou furent mis à nu; l'excitation mécanique ou électrique des nerfs œsophagiens supérieurs, des laryngés supérieur et inférieur, du pneumogastrique et du muscle œsophagien lui-même, fut suivie, presque à chaque excitation, de mouvements de déglutition mais non de régestion.

VIII

RUMINATION CHEZ LE MOUTON.

Le mécanisme de la régestion, avons-nous déjà dit, est le même chez la vache et chez le mouton; les quelques différences que nous puissions signaler ici ne portent que sur des points secondaires que nous allons énumérer en quelques mots.

Disons tout d'abord que le moment de la régestion, comparé à celui de la respiration, n'est pas tout à fait le même que chez la vache.

Dans les tracés fournis par la vache, la régestion arrive à un moment fixe; c'est toujours à la fin d'une inspiration que la glotte se ferme et que commencent les phénomènes de la régestion. Chez le mouton, le moment semble indifférent. Ainsi, dans la figure 16, le tracé N, qui représente l'état

(1) Longet : *Traité de physiologie*, tome I, 3ᵉ édition, page 156.

de la pression de l'air dans les cavités nasales, nous montre que l'occlusion de la glotte *o p* a commencé pendant une expiration. Dans la fig. 17, au contraire, la régestion a commencé après une inspiration. De plus, l'occlusion de la glotte

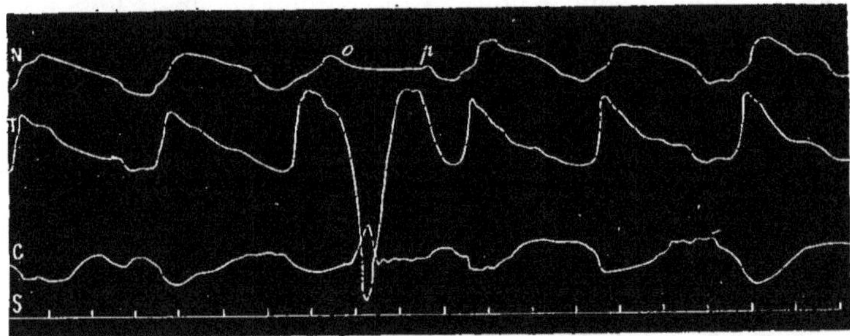

Fig. 16.

N Pression de l'air dans les cavités nasales.
T Pression de l'air dans la trachée.
C Mouvements des côtes.
S Secondes.

se produit au moment exact de la contraction diaphragmatique ; c'est pourquoi, dans tous les tracés de régestion, le plateau manque chez le mouton.

Disons enfin que, dans les tracés recueillis chez le mouton, le plateau unique se trouve à des hauteurs différentes qui indiquent une pression plus ou moins considérable dans la cavité thoracique au moment où il s'est formé. Cette hauteur est une conséquence de la façon dont se fait la régestion, et elle est en rapport avec le moment où se produit l'occlusion de la glotte. Lorsque celle-ci arrive à la fin d'une inspiration, le plateau se forme bien au-dessus de la ligne des *maxima* de la pression de l'air pendant la respiration ; il se forme au-dessous de cette ligne, lorsque la régestion se fait pendant une expiration.

Nous donnons, dans la fig,, 17, un tracé recueilli sur un animal anémié par une éruption de clavelée. Il est très-remarquable que, chez les animaux malades, les mouvements de régestion soient beaucoup plus accentués, incomparablement plus énergiques, et c'est surtout la dépression de l'air dans la trachée qui est hors de toute proportion avec ce que l'on constate à l'état normal. Cette dépression n'est d'ailleurs

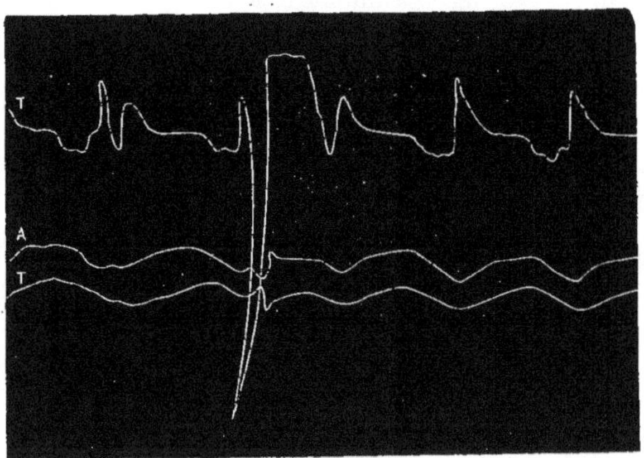

FIG. 17.

T Pression dans la trachée.
A Mouvements de l'abdomen.
T Mouvements des côtes.

qu'une conséquence de la contraction très-forte du diaphragme.

Nulle part, nous n'avons obtenu un antagonisme plus accentué, entre le diaphragme et les côtes, que sur cet animal malade.

CONCLUSIONS

Des recherches que nous avons entreprises sur le mécanisme de la régestion dans la rumination, nous pouvons conclure :

1° Que la raréfaction de l'air dans la cavité thoracique est la cause du passage des matières alimentaires du rumen dans l'œsophage, et que, par suite, il n'y a pas, à proprement parler, de formation préalable de bol ; à plus forte raison, la théorie d'un organe formateur des *pelotes* de régestion est erronée.

2° Qu'il est nécessaire, pour que la régestion puisse s'effectuer, que les matières alimentaires se trouvent très-diluées dans la portion du rumen qui avoisine l'œsophage.

3° Que la raréfaction de l'air dans le poumon est produite par une contraction diaphragmatique coïncidant avec l'occlusion de la glotte.

4° Que cette diminution de pression intra-pulmonaire est indispensable à la pénétration des substances alimentaires dans l'œsophage; car, si l'on fait une ouverture à la trachée, — ce qui revient à empêcher les effets de l'occlusion de la glotte, — les côtes viennent toujours au secours du diaphragme et se soulèvent brusquement, et en même temps que lui, pour produire instantanément cette dépression.

5° Que pendant la régestion, la raréfaction de l'air est la seule puissance que l'on puisse invoquer, et que les estomacs sont absolument passifs.

6° Que l'action dépressive de la contraction du diaphragme produit son effet jusque sur les cavités du cœur et, à plus forte raison, sur les gros vaisseaux de la cavité thoracique.

7° Enfin, que l'on peut réaliser la synthèse de la rumination, en provoquant une forte contraction du diaphragme par l'excitation des nerfs phréniques.

CHAPITRE II

DE L'ÉRUCTATION ET DU MÉRYCISME CHEZ L'HOMME

Dans l'examen des phénomènes que nous nous sommes proposé d'étudier, l'*éructation* doit venir immédiatement après la rumination, car le mécanisme de ces deux actes est absolument le même : l'un et l'autre réclament, de la même manière, le concours des puissances respiratoires.

« L'éructation, dit Longet (1), est la sortie brusque et sonore, par la bouche, des gaz venus de l'estomac : c'est un vomissement gazeux, si l'on peut dire ainsi. » En envisageant cet acte dans la série des animaux, on doit changer quelque peu la définition que nous venons de donner. Il est clair, en effet, que la sortie des gaz de l'estomac ne constitue pas moins l'éructation, lorsqu'elle se fait par le nez, comme cela a lieu chez la plupart des animaux ; l'homme lui-même peut l'effectuer par les fosses nasales. De plus, nous démontrerons que l'éructation ne peut se comparer, en aucune manière, au vomissement, quant à son mécanisme. Les causes qui la déterminent ne sont pas non plus comparables à celles qui entraînent le vomissement : ce dernier est un acte convulsif, pathologique ; l'éructation est normale ; elle s'exécute chez tous les animaux, dans toutes les conditions, et surtout après le repas, pour rejeter au dehors l'air qui a été dégluti avec les aliments ou les gaz qui se sont formés dans l'estomac.

(1) Longet : *Traité de physiologie*, 3e édition, t. I, p. 167.

Dans la grande majorité des circonstances, l'éructation est involontaire; mais on peut cependant la provoquer avec assez de facilité. Dans l'un et l'autre cas, le mécanisme de l'expulsion du gaz est le même.

Il est possible que, chez les animaux dont l'œsophage est disposé en infundibulum très-large à son insertion sur l'estomac, les gaz qui, en vertu de leur poids spécifique, occupent les régions supérieures du viscère, puissent s'introduire directement dans le conduit et remonter jusqu'au pharynx, sans que les puissances respiratoires interviennent.

Ainsi, chez les ruminants, on perçoit très-souvent le bruit du gargouillement que produisent les gaz en montant le long de l'œsophage : nous n'avons jamais vu, dans nos graphiques, d'accidents qui indiquassent le passage de ces gaz. Il peut se faire aussi que, chez l'homme et le chien, un phénomène analogue se produise quelquefois; mais, dans le plus grand nombre de cas, c'est une série de contractions, d'efforts de nature réflexe, qui déterminent l'expulsion des gaz.

En prenant, sur l'homme, des tracés des mouvements respiratoires, immédiatement après le repas, nous avons pu enregistrer des éructations naturelles; nous en avons ensuite déterminé artificiellement, en reproduisant intentionnellement les mouvements que nos tracés nous avaient indiqués, comme existant dans l'acte non provoqué.

La fig. 18 donne comparativement les graphiques obtenus pendant l'éructation naturelle et artificielle.

Pour obtenir cette figure, nous avions placé un tube communiquant avec un tambour de l'appareil enregistreur, dans l'un des orifices externes des cavités nasales. Deux ceintures pnéographiques entouraient le thorax et l'abdomen.

N est le graphique de la pression de l'air dans le nez; *C* celui des mouvements du thorax immédiatement audessous des bras (les mouvements ont peu d'amplitude, car la respiration était à type franchement abdominal). *A* est le graphique de l'abdomen, la ceinture étant au niveau de l'ombilic. *S* les secondes.

L'éructation est arrivée en *e* (fig. *a*) pendant que le sujet était occupé à mâcher une bouchée de pain. On voit que, dans le tracé du nez, la ligne est resté à 0, ce qui indique une occlusion de la glotte. Dans la courbe de l'abdomen, nous

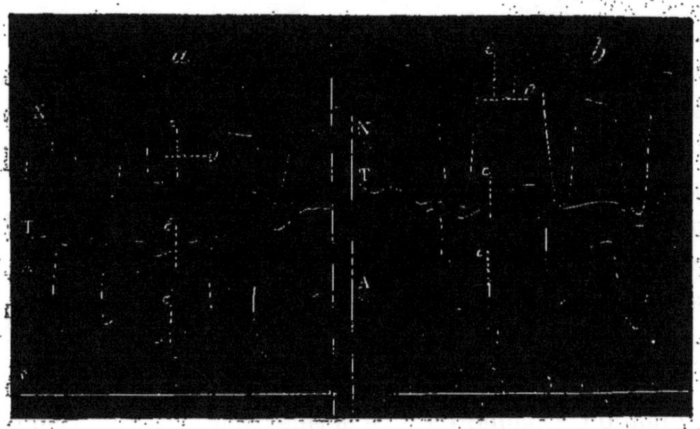

Fig. 18.

Éructation chez l'homme.

a Eructation naturelle. — *b* Eructation volontaire.

N Pression dans les cavités nasales.
T Courbe des mouvements du thorax.
A Courbe des mouvements de l'abdomen.
S Secondes.

remarquons un abaissement considérable produit par une brusque et assez forte contraction du diaphragme. Enfin dans le tracé du thorax, on voit, au même moment, une courbe en sens contraire, qui indique un affaissement du thorax.

Il est facile, étant donné cette corrélation dans les tracés, d'établir l'état de la pression intra-thoracique ; elle a dû être abaissée considérablement au moment de la contraction diaphragmatique coïncidant avec l'occlusion de la glotte, et la preuve est cet affaissement du thorax sous l'influence de la pression extérieure. Les gaz ont ensuite été rejetés par le nez, d'où l'élévation ultérieure du tracé des cavités nasales.

En résumé, on trouve dans ces graphiques des particularités qui sont absolument les mêmes que celles que nous avons obtenues dans les tracés de la rumination. Nous sommes donc fondé à dire que l'état de la pression dans le thorax est le même que dans ce dernier acte, et à conclure *que le mécanisme de l'éructation est identique à celui de la rumination.*

Avec un peu d'attention, on réalise assez facilement les conditions qui déterminent la sortie des gaz de l'estomac : beaucoup de personnes même sont portées à faire de l'éructation artificielle lorsque l'estomac ne se débarrasse pas assez vite d'une surcharge gazeuse. La partie *b* de la fig. 18 nous montre les graphiques obtenus pendant une éructation provoquée. On peut y voir que les courbes se sont effectuées de la même manière que dans la partie *a* ; elles sont seulement un peu plus accentuées.

L'éructation peut donc être assimilée, de tous points à la rumination. Comme dans ce dernier acte, c'est une contraction du diaphragme coïncidant avec l'occlusion de la glotte qui sollicite les gaz à monter dans l'œsophage distendu par l'effet de la dépression de l'air dans la cavité thoracique.

La rumination se remarque quelquefois dans l'espèce humaine; un grand nombre d'exemples ont été rapportés par les auteurs ; mais jusqu'ici il ne paraît pas qu'on se soit occupé de son mécanisme : les descriptions qu'on en a données ne portent que sur les causes de l'acte, la sensation que fait éprouver au mérycole le plus ou moins d'acidité des aliments, et encore, sur ce point, tout le monde n'est-il point d'accord ; les uns veulent que le mérycisme soit un acte désagréable ; les autres, qu'il soit accompagné d'une sensation de plaisir.

Quoi qu'il en soit, l'étude du mécanisme est tout entière à faire. Si nous en parlons ici, c'est plutôt pour émettre l'hypothèse que le mérycisme pourrait bien avoir un mécanisme semblable à celui de la rumination et de l'éructation, que pour décrire ce mécanisme, car il ne nous a pas été donné d'observer de mérycole.

Le docteur Cambay, qui était mérycole, a donné de la

rumination de l'homme, dans sa thèse inaugurale (1), une étude assez complète, sauf en ce qui touche au point qui nous intéresse; mais la description des symptômes qu'il a pu très-bien observer, semble se rapporter plutôt à la manière d'être de l'éructation qu'à celle du vomissement. Cambay parle, en effet, de contraction de l'estomac et d'une légère assistance de la part du diaphragme et des muscles abdominaux; nous pouvons déjà induire que le passage des aliments au-dessus de la glotte nécessite l'occlusion de celle-ci.

Voici le passage de la thèse de Cambay qui a rapport au mécanisme du mérycisme :

« Lorsque l'acte va commencer, l'homme ruminant éprouve un sentiment de plénitude. S'il cherche à observer ce qui se passe en lui, il remarque une sensation de gêne et une sorte de contraction de l'estomac qui semble réagir sur les aliments qui l'ont distendu; puis, une légère assistance de la part du diaphragme et des muscles abdominaux, à l'aide de laquelle une petite quantité d'aliments est refoulée vers le cardia. Celui-ci cède et lui donne issue par l'œsophage, dont les contractions l'amènent au pharynx; qui les porte dans la cavité buccale. Les matières étant arrivées dans la bouche, le mérycole en fait choix, mâche de nouveau celles qui lui paraissent ne l'avoir été que d'une manière incomplète, pour les avaler de nouveau, tandis qu'au contraire il rejette celles qui paraissent ne pas affecter son goût d'une manière agréable ou qu'il sait devoir être d'une digestion difficile. Les aliments n'arrivent pas, de prime abord, dans la bouche; ils restent quelque temps dans le pharynx, et, si le mérycole, averti par une gorgée précédente, craint de communiquer à la bouche une sensation d'amertume qui est quelquefois très-grande, il peut les avaler de nouveau sans qu'ils soient parvenus dans la cavité buccale »...... « Mais c'est ordinairement avec un sentiment de plaisir qu'il fait ainsi, pendant

(1) Cambay : *Sur le mérycisme et la digestibilité des aliments*. Thèse inaugurale. Paris, 11 août 1830, n° 213, cité par Longet.

quatre ou six heures, repasser par la bouche les aliments qu'il a ingérés dans son estomac et qu'il leur fait subir une nouvelle trituration..... Le vomissement involontaire, ajoute Cambay, est une chose très-pénible pour moi, tandis que le mérycisme est plutôt agréable que désagréable; ce qui le prouve, c'est que je puis, avec la plus grande facilité, l'empêcher d'avoir lieu, en m'opposant à la première régurgitation et que je ne le fais pas. »

Suivant le même observateur, les efforts nécessaires pour l'exercice du mérycisme sont si faibles, que, le plus souvent, les personnes présentes ne s'en aperçoivent pas, et qu'ils ne sont perçus par le mérycole lui-même que quand il s'observe.

Pour Cambay, le diaphragme et les muscles abdominaux n'ont plus d'action une fois que l'acte est établi, mais il faut un léger effort pour qu'il s'établisse, et alors ils y coopèrent. « Chez moi, dit-il, le mérycisme est sous la dépendance de la volonté, en ce sens que je puis, à volonté, le produire ou l'empêcher d'avoir lieu; mais, le plus souvent, il s'exécute sans ma participation, c'est-à-dire sans que j'y fasse attention, l'effort par lequel il commence étant si faible d'ordinaire, qu'il ne réveille pas mon attention. »

Nous ne sommes pas aussi convaincu que Cambay que le diaphragme n'ait aucune part dans la régestion des bols qui suivent le premier. Cette action peut exister sans que le mérycole s'en aperçoive, comme elle existe souvent à l'insu du sujet dans l'éructation. Quoi qu'il en soit, il y a effort au début, action des puissances respiratoires et, à coup sûr, occlusion de la glotte, au moment du passage des aliments dans le pharynx. Ce que nous savons de l'éructation, nous permet d'induire que cette occlusion doit exister aussi au moment où la contraction diaphragmatique a lieu.

Sans vouloir trancher la question, nous pouvons dire néanmoins qu'il est fort probable que le mérycisme se fait par un mécanisme semblable à celui de l'éructation et que, par conséquent, on peut le comparer de tout point à la rumination des animaux.

CHAPITRE III

DE LA DÉGLUTITION

Nous n'avons pas l'intention d'étudier ici cette importante fonction dans son entier; cette étude, en grande partie faite déjà, vient d'être reprise et présentée sous un nouveau jour par un de nos amis, M. le professeur Arloing (1), élève comme nous de M. Chauveau ; nous invoquerons seulement ici son autorité en ce qui concerne le point très-limité que nous allons examiner ; nos expériences entreprises dans des laboratoires différents, mais d'après les mêmes procédés, ont donné, comme on devait s'y attendre d'ailleurs, des résultats identiques sur l'action des organes respiratoires dans la déglutition.

Nous n'étudierons donc ici la déglutition que sous ce point de vue, et afin de pouvoir comparer avec la régestion un acte qui semble lui être tout-à-fait opposé, au premier abord.

Dans la note que M. Bouley a bien voulu communiquer, pour nous, à l'Institut, le 24 août 1874, nous annoncions que, pour s'exécuter, la déglutition réclame à la fois le concours du diaphragme et des côtes ; nous n'avions alors examiné cet acte que sur les ruminants, où cette action est peu prononcée. Depuis lors, nos recherches ont porté sur le chien et le cheval, chez lesquels l'action des organes de la respiration est beaucoup plus énergique. Aussi, commencerons-nous

(1) Les principaux résultats des recherches de M. Arloing ont été présentés à l'Académie des sciences dans deux notes : l'une le 2 novembre 1874, l'autre le 24 mai 1875. Ils sont compris tout au long dans sa thèse pour le doctorat ès-sciences. *Paris*, 1877.

par l'envisager chez ces derniers animaux, ce qui nous permettra ensuite de mieux comprendre les phénomènes inscrits dans les tracés, déjà présentés, de la vache et du mouton.

Avant de commencer cette étude, nous devons faire quelques remarques au sujet du mode de respiration ou, si l'on veut, du *type* respiratoire, puisque tel est le mot dont se sont servi Beau et Maissiat (1); car suivant que la respiration sera plus spécialement costale ou diaphragmatique, la raréfaction de l'air du poumon sera produite par les côtes ou le diaphragme.

Chez les animaux sur lesquels nous avons expérimenté, nous ne trouvons que le bœuf dont la respiration soit franchement abdominale; le cheval, le chien sont des animaux à respiration costale. Ici, nous différons des auteurs que nous venons de nommer, car ils rangent le cheval parmi les animaux dont la respiration est à type abdominal (2).

I

CHIEN

Le chien est l'animal dont la respiration offre le type le plus franchement costal; chez lui, la prédominance des mouvements des côtes sur ceux du diaphragme est poussée tellement loin, qu'il peut arriver souvent que le pneumographe, appliqué autour de l'abdomen, ne traduise aucun mouvement respiratoire. On peut constater dans la plupart de nos tracés que souvent la ligne des mouvements de l'abdomen ne pré-

(1) Beau et Maissiat : *Recherches sur le mécanisme des mouvements respiratoires. Arch. gén. de Méd.*, 1842 et 1843.

(2) En comparant ces espèces, on est frappé de voir que chez le bœuf, qui possède une masse aussi considérable d'organes digestifs, la respiration puisse être abdominale, et que le chien, dont la masse intestinale est si petite, soit un animal à type essentiellement costal. D'après ces remarques, on pourrait se demander si véritablement l'abdomen influe sur la respiration, et si la respiration costale, chez la femme, est bien faite en prévision de la gestation.

sente aucune des modifications qui indiquent l'inspiration ou l'expiration, tandis qu'au contraire la ceinture thoracique a toujours donné des tracés très-nets dans lesquels les deux mouvements sont parfaitement marqués.

Fig. 19.

Déglutition chez le chien.

M Courbe des mouvements des mâchoires.
N Courbe de la pression de l'air dans les cavités nasales.
T Courbe de la pression de l'air dans la trachée.
C Courbe des mouvements du thorax.
A Courbe des mouvements de l'abdomen.

Nous montrons, dans la fig. 19, cinq mouvements respiratoires complets et une déglutition. Dans ce tracé, les mouvements de l'abdomen, représentés par la ligne *A*, sont très-marqués, comme cela arrive encore dans quelques cas. *M* représente les mouvements des mâchoires ; *N*, le tracé de la pression de l'air dans les cavités nasales ; *T*, le tracé de la pression de l'air dans la trachée ; *C*, les mouvements des côtes, et *A*, ceux de l'abdomen.

La courbe *M* montre en *a* deux mouvements d'écartement et de rapprochement des mâchoires; puis en *d*, après un léger abaissement, une élévation plus prononcée qui indique un rapprochement plus complet, une véritable contraction, comme cela arrive toujours lorsque l'animal déglutit. Ce tracé, s'il était obtenu seul, ne prouverait pas, d'une façon indubitable, qu'il y a eu là une déglutition, mais la chose est néanmoins certaine, car, indépendamment de la constatation de cette déglutition faite sur l'animal au moment de l'expérience, elle a laissé sa trace dans toutes les autres courbes.

En *N*, nous pouvons remarquer, dans la partie du tracé qui correspond à *d* du tracé *M*, c'est-à-dire en *b c*, une ligne droite qui acquiert une grande importance lorsque nous la comparons à la portion correspondante du tracé *T*. Dans ce dernier, en effet, nous avons un abaissement brusque et considérable de la courbe, suivi aussitôt d'une ascension aussi brusque, ce qui, nous l'avons déjà vu, indique une dépression considérable de l'air. Or, cette dépression ne s'étant montrée que dans le tracé de la trachée, on peut affirmer qu'elle s'est produite lorsque la glotte était fermée, ce que nous indique, d'une façon évidente, la ligne droite *b c* du tracé *N*.

Nous pouvons donc dire déjà que, au moment d'une déglutition, les mâchoires se serrent fortement, que la glotte se ferme et qu'une dépression considérable se remarque dans l'air de la cavité thoracique.

La dépression thoracique a évidemment pour effet de dilater l'œsophage au devant du passage du bol alimentaire ou de la gorgée de liquide et de lui favoriser ainsi la traversée de ce conduit. Si, en effet, il n'y avait pas là une dépression, le volume de la substance déglutie amènerait une élévation du tracé *T*. Nous pouvons conclure, de ce premier point, que, pendant la déglutition, des forces actives agissent au moment de l'entrée du bol dans l'œsophage, pour dilater le conduit œsophagien et favoriser ainsi l'arrivée des substances à l'estomac. Voyons maintenant quelles sont ces forces.

L'examen des tracés obtenus avec les pneumographes des côtes et de l'abdomen vont nous donner la raison de cette descente si profonde du tracé de la pression intra-thoracique. Nous voyons, en effet, que pendant l'inspiration durant laquelle s'est produite la déglutition, il y a eu un mouvement d'élévation brusque dans les côtes, mouvement dont la durée est égale à celle de l'occlusion de la glotte et de la dépression intra-thoracique.

Mais si nous considérons maintenant le tracé du pneumographe de l'abdomen, nous trouverons, au contraire, une ascension de la courbe produite par l'affaissement brusque de l'abdomen, en rapport avec l'élévation des côtes et de telle sorte que les deux tracés, qui ont jusque-là décrit des courbes identiques, sont en antagonisme à ce moment.

Nous croyons qu'il faut expliquer l'affaissement de l'abdomen par la même raison que nous avons déjà donnée pour le phénomène semblable qui se remarque sur les côtes pendant la régestion mérycique, par l'action de la pression atmosphérique qui s'est exercée sur l'abdomen, par suite de la dépression intra-thoracique.

Le mouvement des côtes est un mouvement actif de dilatation ; celui de l'abdomen, un mouvement passif déterminé par la pression atmosphérique.

Donc, chez le chien, la déglutition s'accompagne d'un mouvement d'élévation des côtes qui détermine, en raison de l'occlusion de la glotte, une raréfaction de l'air de la cavité thoracique, qui coïncide avec l'entrée des substances dans la partie supérieure de l'œsophage.

II

CHEVAL

Le manuel opératoire employé pour étudier l'action des organes de la respiration dans la déglutition chez le cheval, est le même que celui que nous avons décrit chez le bœuf et le chien. La déglutition était provoquée par quelques morceaux de pain ou de l'eau que l'on présentait à l'animal (un vieux cheval en parfaite santé), et on a pu ainsi recueillir le tracé suivant (fig. 20).

Fig. 20.

Déglutition chez le cheval.

ŒE Courbe du passage des aliments dans l'œsophage.
N Courbe de la pression de l'air dans les cavités nasales.
T Courbe de la pression de l'air dans la trachée.
C Courbe des mouvements du thorax.
A Courbe des mouvements de l'abdomen.

Dans cette figure, *Œ* représente le passage des substances dans l'œsophage ; *N* indique la pression de l'air dans les cavités nasales ; *T* cette même pression dans la trachée ; *C* les mouvements des côtes ; *A* les mouvements de l'abdomen.

En comparant ces dernières courbes, l'attention est attirée immédiatement par l'amplitude de la courbe qui indique la dépression dans la trachée ; elle n'est pas moindre en effet que chez le chien. Si l'on examine ensuite comment elle s'est produite, on trouve l'explication dans les courbes *C* et *A* des côtes et de l'abdomen ; dans quelques autres mouvements cependant, les côtes se sont élevées seules et l'abdomen est resté à peu près immobile ; il est arrivé enfin quelquefois, que l'abdomen s'est affaissé à ce moment. Mais, quel que soit le tracé envisagé, l'élévation des côtes n'a jamais manqué et elle a toujours, soit seule, soit concurremment avec le diaphragme, produit un abaissement de pression extrêmement remarquable.

Cet abaissement de pression intra-thoracique correspond toujours à une occlusion de la glotte, et le tracé des cavités nasales a, dans tous les cas, écrit une ligne droite. Si ce tracé semble presque toujours être en opposition avec celui de la trachée à ce moment, cela tient à ce que la déglutition est arrivée toujours vers le milieu de l'inspiration, et que l'air des cavités nasales, qui est, à ce moment, à une pression négative, est remonté à la pression 0, c'est-à-dire à la pression de l'air extérieur, aussitôt que la glotte s'est fermée.

Quant au tracé de l'œsophage *Œ*, il montre en *d* une élévation brusque dont la durée est à très-peu près la même partout, et qui indique le passage du bol. On remarque que l'accident qui l'indique, se trouve en retard sur les différentes particularités que nous venons d'étudier, d'une quantité que nous pouvons évaluer, en moyenne, à deux secondes, et qu'au moment où le bol arrive à la base du cou, la pression est revenue à son état normal dans le poumon, depuis une seconde déjà ; l'intervention si constante des agents respiratoires n'est donc en corrélation qu'avec le début de l'entrée du bol dans la partie supérieure de l'œsophage.

Cela nous permet de dire que la marche des substances alimentaires dans l'œsophage du cheval est très-lente. Notre ampoule œsophagienne est placée au tiers environ de la longueur de l'œsophage ; on peut donc dire que le bol met au moins six secondes pour parcourir toute la longueur de ce conduit.

Etant donnée la dépression si profonde remarquée au moment d'une déglutition, nous avons voulu voir jusqu'à quel point elle est nécessaire ; et, pour essayer de la supprimer, nous avons pratiqué la trachéotomie (fig. 21). Or, malgré cette mutilation, la dépression n'a pas cessé de se montrer ; elle a seulement été plus rapide, plus brusque, et, dirons-nous, elle semble plus profonde ; si on compare les deux tracés qui ont été obtenus, à quelques minutes d'intervalle, sur le même animal, on pourra, en tenant compte de

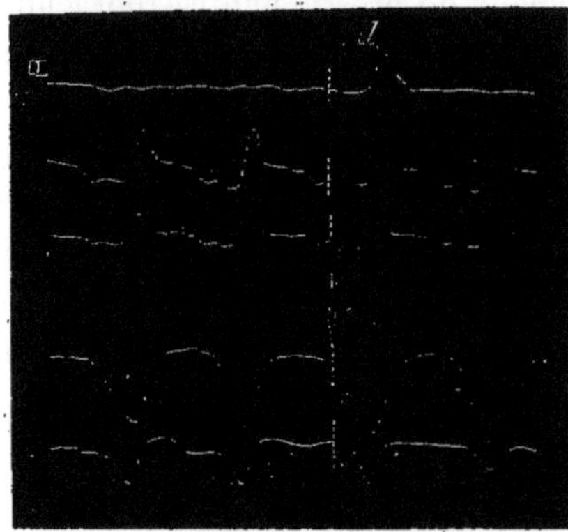

Fig. 21.

Déglutition chez le cheval (avec trachéotomie).

OE Courbe du passage des aliments dans l'œsophage.
N Courbe de la pression de l'air dans les cavités nasales.
T Courbe de la pression de l'air dans la trachée.
C Courbe des mouvements du thorax.
A Courbe des mouvements de l'abdomen.

la diminution d'amplitude qu'ont subie les *maxima* et *minima* du tracé de la trachée, constater que l'opération a plutôt accentué la dépression.

On pourra constater également que les mouvements du diaphragme se sont vigoureusement accentués, tandis qu'au contraire ceux des côtes semblent avoir diminué d'amplitude. La trachéotomie n'a donc influé en rien sur les phénomènes de la déglutition.

Nous conclurons en disant que, chez le cheval, la déglutition s'accompagne d'une très-forte dépression de l'air dans la cavité thoracique amenée par des mouvements simultanés du diaphragme et des côtes au moment où la glotte se trouve fermée.

III

RUMINANTS

Les graphiques que nous avons obtenus pendant la rumination permettront également d'étudier l'action des puissances respiratoires dans la déglutition chez les animaux ruminants. Nous avons déjà vu qu'avant chaque régestion l'animal déglutit, et qu'aussitôt après l'arrivée du bol à la bouche, il avale de nouveau, en deux ou trois gorgées, l'eau qui avait servi de véhicule aux substances régurgitées.

Dans chacune des figures, les déglutitions correspondent à des modifications particulières des courbes de la pression de l'air dans la trachée *T* ou de l'abdomen *A*. La courbe qui correspond à la deuxième déglutition de liquide offre surtout une amplitude remarquable dans tous les tracés. Dans la fig. 7, cette déglutition d' a laissé des traces très-marquées. Du côté de l'abdomen, on remarque en d'' un abaissement assez profond, dont la durée a été un peu moindre que celle d'une seconde. Cet abaissement est le signe d'une contraction diaphragmatique ayant produit une légère dépression dans l'air de la cavité thoracique. Il est assez remarquable que, dans tous les tracés, cette dépression se trouve partagée en deux parties. Il semble qu'il y ait eu là une vibration du diaphragme.

Dans la fig. 13, recueillie chez le mouton, la dépression de l'air en *d* est beaucoup plus marquée et elle est simple ; nous avons déjà dit que sur cet animal, qui était maladif, tous les mouvements de la respiration sont plus marqués qu'à l'état sain.

La courbe du thorax montre, dans les cas de déglutition, un antagonisme avec celle de l'abdomen, tout à fait semblable à celui que nous avons déjà constaté pour la régestion. On peut très-bien s'en assurer par l'examen de la fig. 3. En d', courbe C, qui indique le mouvement des côtes, nous voyons une légère élévation du tracé, ce qui signifie que les côtes se sont abaissées au moment exact où l'abdomen se soulevait, c'est-à-dire lorsque le diaphragme se contractait. Nous pouvons donc rapprocher ce mouvement, de celui de la régestion $s\ t$. Mais l'analogie entre ces deux mouvements est encore poussée plus loin. En effet, dans la fig. 4, où se trouve enregistrée la pression de l'air dans les cavités nasales N, nous voyons que cette pression est retombée à zéro au moment de la déglutition, c'est-à-dire qu'il y a eu occlusion de la glotte ; la déglutition d' est arrivée dans la première partie de l'expiration, et la ligne est retombée brusquement au niveau de celle qui indique le zéro dans le tracé correspondant à la régestion.

Dans cette dernière figure, la déglutition finale de la mastication mérycique est bien marquée. La pression dans les cavités nasales est retournée à zéro, ainsi qu'en fait foi la ligne horizontale passant par le sommet de la courbe à ce moment.

Dans le tracé de la pression intra-trachéale T, on voit une légère dépression correspondant au début de l'occlusion de la glotte, et par conséquent de l'entrée du bol dans le pharynx, suivie bientôt d'une élévation analogue à celle qui s'aperçoit dans toutes les autres courbes à ce moment. Si l'on n'était prévenu, on pourrait croire qu'au moment de la déglutition, lorsque celle-ci arrive dans l'inspiration, il y a élévation de la pression intra-trachéale ; mais la présence de la dépression qui précède cette élévation, — dépression qui correspond au début de la contraction diaphragmatique, ainsi que le prouvent les lignes ponctuées, — vient nous montrer qu'il y a là réellement une diminution de pression dans la cavité thoracique, et qu'elle correspond au début de la déglutition, de même que, dans la régestion, elle coïncide avec le moment de l'entrée des matières du rumen dans la partie inférieure de l'œsophage. Les caractères sont beaucoup plus visibles dans la fig. 22, en d et en d'. La dépression de l'air dans le tracé *T*, au point *d*, est surtout très-remarquable.

Souvent, dans nos tracés, les caractères qui indiquent la déglutition du dernier bol mérycique se trouvent très-peu marqués dans les courbes de la pression intra-trachéale et dans celles du diaphragme ; mais il ne faut pas perdre de vue

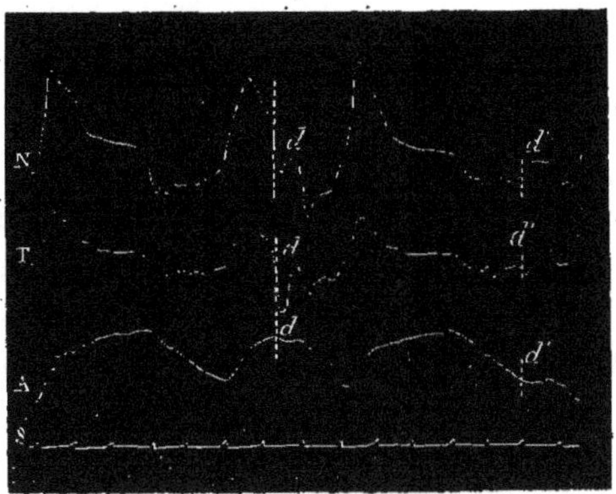

Fig. 22.

Déglutition chez le bœuf.

N Courbe de la pression de l'air dans les cavités nasales.
T Courbe de la pression de l'air dans la trachée.
A Courbe des mouvements de l'abdomen.
S Métronome battant les secondes.

que dans cette déglutition, qui arrive généralement au commencement de l'inspiration, le diaphragme est en état de contraction et que l'aspiration exercée par l'action inspiratrice doit être suffisante, la glotte étant fermée, pour produire la raréfaction de l'air dans la cavité thoracique. Au moment où le bol pénètre dans l'œsophage, la pression de l'air est toujours négative dans le thorax.

En résumé, chez le bœuf et le mouton, la déglutition se fait par un mode semblable à celui de la régestion ; ce sont les mêmes puissances qui agissent dans l'un et l'autre phénomène; mais les mouvements sont incomparablement plus accentués dans la régestion.

CONCLUSIONS

Les tracés que nous avons recueillis sur la déglutition nous permettent de dire :

1° Qu'au moment où le bol pénètre dans l'orifice supérieur de l'œsophage, il se produit une dépression thoracique semblable à celle que nous avons constatée dans la rumination ;

2° Que cette dépression est produite par une élévation des côtes chez le chien, par une contraction du diaphragme chez le bœuf, et, le plus souvent, par ces deux puissances réunies chez le cheval. Ces divers mouvements coïncident avec une occlusion de la glotte, d'où il suit :

3° Que la régestion et la déglutition réclament, de la même manière, le concours des organes respiratoires ; qu'il est nécessaire, dans l'un et l'autre acte, qu'il se produise une dépression de l'air dans la cavité thoracique ; que si, dans la rumination, cette dépression est l'acte principal, c'est un adjuvant qui ne manque jamais dans la déglutition, ce qui nous permet de dire que, tout en étant de directions différentes, ces deux actes sont très-similaires. En un mot, *la régestion est une déglutition inverse* ou *à rebours*.

CHAPITRE IV

DU VOMISSEMENT

Flourens, dans son *Etude sur la rumination*, assimile, tout en faisant quelques réserves, la régestion des substances alimentaires dans la rumination, à cette même réjection qui suit la nausée et que l'on appelle vulgairement et scientifiquement le *vomissement*, et il parle communément « *du vomissement propre des animaux ruminants.* »

Sans vouloir parler des causes qui déterminent ces deux actes, en ne tenant compte que du mécanisme, à première vue, il semble, en effet, que le vomissement des animaux carnassiers et la régestion des substances alimentaires aient une grande analogie ; ces deux actes ne paraissent différer qu'en ce que, dans le vomissement, il y a une régestion confuse, en masse, tandis que, dans la rumination, les substances sont ramenées par petites masses d'un volume égal et déterminé.

Cette analogie extérieure entraînait, pour nous, l'obligation de rechercher si, dans le vomissement, les puissances respiratoires interviennent de la même manière, et si leur rôle est aussi de faciliter ou de provoquer le passage des substances dans l'œsophage.

Nous avons choisi le chien comme étant l'animal qui vomit avec le plus de facilité, et nous avons provoqué chez lui, par l'administration d'émétiques, des nausées suivies de vomissements pendant que s'enregistraient les phénomènes de la respiration. Nous avons ainsi pu obtenir un certain nombre de tracés. L'un d'eux est représenté par la fig. 23.

Ici comme dans les graphiques de la déglutition, *M* indique les mouvements des mâchoires, *N* la pression dans les cavités nasales ; *T* la pression dans la trachée ; *C* les mouvements du thorax et *A* ceux de l'abdomen.

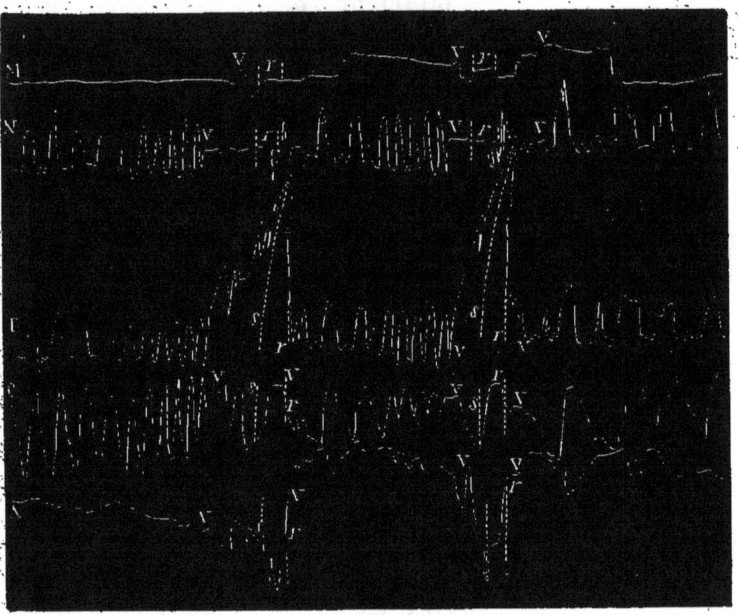

Fig. 23.

Vomissement chez le chien.

M Courbe produite par les mouvements des mâchoires.
N Courbe de la pression de l'air dans les cavités nasales.
T Courbe de la pression de l'air de la trachée.
C Mouvements du thorax.
A Mouvements de l'abdomen.

La figure montre deux réjections de vomissement, ayant eu lieu à quelques secondes d'intervalle, comme cela arrive presque toujours chez le chien. Ces deux réjections sont très-nettement indiquées dans toutes les courbes, mais surtout dans celle de la pression intra-trachéale et dans celle des mouvements de l'abdomen. C'est dans les points compris entre les lettres *V V* qu'elles ont eu lieu.

Au moment où le vomissement va se faire, la respiration

s'accélère considérablement; le nombre des mouvements est au moins triplé; puis, la glotte se ferme; l'action des côtes et de l'abdomen diffère à ce moment. Les côtes s'abaissent progressivement tout en continuant leur jeu, qui est seulement plus rapide, tandis qu'au contraire le diaphragme se contracte lentement avec quelques secousses brusques. Ces deux actions ont pour effet de faire monter la pression d'une façon considérable dans la cavité thoracique; la courbe du tracé monte à une grande hauteur, après quelques oscillations plus ou moins brusques.

L'examen des autres courbes fait voir que c'est aux côtes seulement qu'il faut attribuer cette augmentation de pression, la ligne moyenne de leur courbe s'élevant considérablement. Le tracé abdominal, après être resté un instant, une seconde à peu près, immobile, accuse brusquement une forte élévation produite par une contraction énergique des muscles abdominaux. C'est à cette contraction qu'est due la réjection des substances contenues dans l'estomac, et elle doit être d'autant plus forte que la pression s'est élevée davantage dans le thorax.

Avant que cette contraction de l'abdomen ait lieu, les côtes se resserrent brusquement et portent à son maximum la pression de l'air dans le thorax, qui sert ainsi de point d'appui au diaphragme; les lignes ponctuées *s s* des tracés *T* et *C* l'indiquent suffisamment. C'est à ce moment que l'on entend, chez les animaux aussi bien que chez l'homme, ces cris caractéristiques qui sont produits par la sortie de quelques bulles d'air à travers les lèvres de la glotte resserrée. Au moment de la contraction abdominale *r r*, l'air sort en assez grande quantité, ce qui permet aux matières de pénétrer dans l'œsophage; aussi voit-on, à ce moment, la glotte s'ouvrir par mouvements brusques, pour laisser échapper le gaz, et le tracé de la pression thoracique baisser, en même temps que les côtes s'élèvent et diminuent la pression dans le thorax.

Le vomissement, après que la réjection a eu lieu, laisse une certaine perturbation dans le mécanisme respiratoire;

aussi voit-on, dans les tracés, les côtes et l'abdomen donner des courbes opposées l'une à l'autre pendant un certain temps.

Nous pouvons conclure que, dans le vomissement, il y a pression intra-thoracique considérable, déterminée par un abaissement actif des côtes; contraction diaphragmatique lente et bientôt brusque; contraction des muscles abdominaux, qui parviennent à vaincre la résistance de la pression et chassent avec effort les substances dans l'œsophage. D'où il résulte que : dans le vomissement, l'action des puissances respiratoires a pour effet d'augmenter considérablement la pression dans le thorax et par conséquent de mettre un obstacle à la réjection.

CONCLUSIONS GÉNÉRALES

En comparant entre eux les résultats que nous avons obtenus dans nos tracés, nous arrivons à conclure :

1° Que les organes de la respiration agissent très-énergiquement dans certains actes mécaniques de la digestion, notamment dans la *rumination*, l'*éructation*, la *déglutition* et le *vomissement*.

2° Que, dans la rumination, c'est une *aspiration* produite par une dépression de l'air de la cavité thoracique qui force les substances du rumen à monter dans l'œsophage. On ne peut invoquer, d'après nos expériences, aucune autre force qui agisse dans la régestion.

3° Qu'une aspiration de même nature se manifeste au début de la déglutition ; d'où il suit :

4° Que la déglutition et la régestion, ces deux actes si opposés dans leurs résultats, doivent être considérés comme identiques, mais de sens inverse.

5° Que l'éructation réclame, de la même manière que la rumination, le concours des puissances respiratoires, et qu'il est probable que le mérycisme, chez l'homme, s'exécute par un mécanisme semblable à celui de la rumination chez les animaux.

6° Que le vomissement, au contraire, qui avait pu être comparé à la rumination par les physiologistes les plus éminents, s'exécute par un mécanisme tout-à-fait opposé, et que les organes respiratoires, loin de le favoriser, opposent un obstacle à sa production.

Nous résumons, dans le tableau suivant, l'action des puissances respiratoires et le résultat qu'elles produisent sur la pression intra-thoracique, dans les actes que nous avons spécialement étudiés dans ce travail.

TABLEAU COMPARATIF

De l'action des organes respiratoires dans la rumination, l'éructation, la déglutition et le vomissement

ORGANES RESPIRATOIRES	1° DANS LA RÉGESTION ET L'ÉRUCTATION	2° DANS LA DÉGLUTITION (1)	3° DANS LE VOMISSEMENT	OBSERVATIONS
Le thorax	S'affaisse passivement.	S'affaisse passivement.	S'abaisse activement.	(1) Dans la déglutition les côtes s'élèvent lorsque le diaphragme ou l'abdomen s'abaisse. Ce sont au contraire les côtes qui s'affaissent lorsque le diaphragme se contracte. Ces différences tiennent au type respiratoire de chaque animal.
Le diaphragme	Se contracte brusquement.	Se contracte brusquement.	Se contracte lentement.	
Les muscles abdominaux	Restent inactifs.	Restent inactifs.	Se contractent très-brusquement.	
D'où il résulte que :				
La pression intra-thoracique	Est négative.	Est négative.	Est positive.	
La pression intra-œsophagienne	Est négative.	Est négative.	Est positive.	
La pression abdominale	Est à zéro.	Est à zéro.	Est très-élevée.	

DEUXIÈME THÈSE

PROPOSITIONS DONNÉES PAR LA FACULTÉ

BOTANIQUE

1° De la digestion végétale.

2° Famille des Utriculariées.

GÉOLOGIE

1° Théorie des soulèvements.

2° Etage jurassique inférieur.

ZOOLOGIE

Des vers. — Caractères et classification.

VU ET APPROUVÉ :
Le Doyen de la Faculté des sciences,
Président du Jury,
E. FAIVRE.

Permis d'imprimer :
Le Recteur de l'Académie de Lyon,
DARESTE.

28 Juin 1877.

www.ingramcontent.com/pod-product-compliance
Lightning Source LLC
Chambersburg PA
CBHW050613210326
41521CB00008B/1236

* 9 7 8 2 0 1 1 3 0 4 9 5 7 *